唐人お吉と
伊豆下田を愛した
偉大な先人たち
その子孫たちに捧ぐ

幕末お吉研究会印

本書は、平成三十年（二〇一八）三月
伊豆新聞 連載の「傾城塚綺譚『唐人お吉』を作った男たち」の内容に
大幅な加筆修正を行ったものです。
なお、原則として故人につきましては敬称を略させていただきました。

唐人お吉を作った男たち

伊豆新聞連載

加筆修正版

杉本武　著

幕末お吉研究会印

校閲／大平 香奈
装丁／ＰＢＣでじブックス
デザイン部

かなり長めの まえがき

『唐人お吉』の基礎知識

長かった昭和もすでに遠い昔となり、間もなく平成もその幕を閉じようとしている今、『唐人お吉』と言ってもわかる人はごくわずかだろう。
聞いたことはある…と答える人にも、いざあらすじを尋ねてみると『唐人お吉』ではなく「八百屋お七」だったり、中には「番町皿屋敷」と勘違いしている人までいる。

『唐人お吉』の物語が一世を風靡したのは第二次世界大戦前、昭和初期ことなので無理もないかもしれないが、戦後にも佐久間良子ら有名女優によって幾度も舞台化されてはいる。

女優、太地喜和子が静岡県伊東市において舞台の公演中、乗車していた車ごと海に転落、事故死したというニュースを覚えている方も少なくないだろう。その演目が『唐人お吉』だった。平成四年（一九九二）のことである。

この時、彼女はお吉の墓参りをしなかったために呪われた…といった根も葉もない都市伝説が一部で流布された。それが故『唐人お吉』が「番町皿屋敷」並みの、おどろおどろしいイメージになってしまった感も否めない。

戦後七十三年が経過した今でも、物語の舞台となった伊豆下田では、町のあちこちに『唐人お吉』の看板やポスターは数多く見受けられる。

だが、今や地元でも多くの若者は『唐人お吉』がどんな物語なのかはよく知らないし、中には「おきち」を「およし」と読む者さえいるという。

冒頭に「かなり長めのまえがき」と称して、これまで一般的に語られてきた『唐人お吉』の物語について、おさらいしてみよう。

描かれている時代は幕末。ペリーの黒船来航から二年後の安政二年（一八五六）のこと。舞台は先程ふれたように伊豆半島の南に位置する港町、下田である。

ペリー率いる黒船艦隊といえば、浦賀（神奈川県三浦半島）や、久里浜（同じく三浦半島／最初の上陸地）。そして後に国際港として開かれることになる横浜（日米和親条約締結の地）を思い浮かべる人も多いだろう。

ここは『唐人お吉』のおさらいというより、歴史の授業のおさらいになるが、ペリーは日本を開国させるために、二度、日本を訪れている。

初来日は一八五三年、浦賀に黒船艦隊の姿を見せた。久里浜に上陸し大統領の親書を手渡すが、幕府は将軍が病であることを理由に返事を一年先延ばしにした。

そのためペリー艦隊は一旦、日本を離れると琉球（沖縄）で待機し、ほどなく将軍が急逝した報を受けると、その混乱に乗じて再度開国を迫るべく、半年後、再び江戸湾に黒船を近づけた。

こうして横浜に上陸したペリーは、日米和親条約を締結させることに成功した。

日本は「鎖国」していたとよく言われるが、長崎の出島ではオランダや中国と長きにわたり交易を続けている。当時の幕府にしてみれば「鎖国」しているという認識は、おそらくなかっただろう。幕府にとって都合のいい国とだけ付き合っていたわけであり、「鎖国」という言葉が使われるようになったのは明治に入ってからのことである。

先頃、正しい認識を後世に伝えるため、学校の歴史の教科書から「鎖国」という言葉を削除しようという動きもあったようだが、これまでつちかわれた歴史認識を改めることは困難だという理由で、結局は元通り「鎖国」という表現が使われ続けることになった。文部科学省の歴史認識も、つまるところはご都合主義なのである。

さて、アメリカがペリー艦隊を派遣して日本を開国させたかった最大の理由は、捕鯨船の補給基地として日本の港を使いたかったからだ。

何も獲った鯨を食べようというのではない。当時、鯨の油はランプなどに多用されていた燃料である。蒸気船が開発されると日本近海まで捕鯨に行くことが可能となったが、帰りの航海のためには、食料や水、石炭や薪などを補給する必要がある。

そうした、いわば人道的な意味合いから、アメリカ船に必要な物資を供給してもらうための条約が日米和親条約だった。

横浜で日米和親条約を締結させたペリーが黒船をまわしたのが、即時開港地と決まった伊豆下田である。

大都市江戸に向け、木材や石材を船で運ぶことができる伊豆は、もとより幕府直轄の土地柄。政治の中心地である江戸と天下の台所である大阪の中程に位置し、陸の関所がある箱根に対し、下田には、かつて海の関所があった。

天下泰平の世が続き、海の関所は江戸から利便性が高い浦賀に移され、下田は静かな港町に戻って久しかったが、開国によっていきなり国際港となるや、再び脚光を浴びることとなった。

ペリーが帰国してから二年後、初の駐日アメリカ領事、タウンゼント・ハリスが来日。下田湾からほど近い玉泉寺を領事館に定めた。

ペリーの目的は寄港地として日本を開国させることだったが、ハリスの目的は日本と本格的な貿易を開始することにあった。ペリーが日本の閂（かんぬき）をはずし、ハリスがその扉を開いたと言われる所以である。

星条旗がひるがえる玉泉寺では、連日、通訳でオランダ出身のヘンリー・ヒュースケンを介し、ハリスと奉行たちとの交渉が続いた。

一刻も早く江戸にのぼり、将軍と日米通商修好条約を結びたいと迫るハリスと、交渉を長引かせようと、のらりくらりとかわす奉行所の役人たち。

そこで役人たちがハリスを足止めしようと差し向けたのが、下田一といわれた芸者のお吉である。

『唐人お吉』の物語では、ハリスが風呂上がりのお吉を見初め、我がものにしようと役人に無理強いし、役人はこれ幸いと、お吉を許嫁から無理矢理引き離して、ハリスの元へ行かせたことになっている。

泣く泣く駕籠に乗り、ハリスの元へ行かされたお吉を見た町人たちも最初は同情していたものの、お吉がハリスに仕える見返りに莫大な給金を手にしたことを知るや「異人に肌を許した女」、挙げ句は『唐人お吉』と彼女を蔑むようになる。唐人とは、もともと中国人の意味だが、後に外国人全般を指すようになった言葉だ。

そして、お吉は世をはかなみ、下田を流れる稲生沢川に身を投げ、自ら命を絶った。

これが『唐人お吉』物語のあらましだ。

物語に登場するお吉は、本名を「斎藤きち」といい、実在の人物である。

斎藤きちが亡くなったのは明治も半ばのことであり、その戸籍簿も現存している。

また、奉行所が残した古文書には、お吉がハリスの元へ奉公した記録や莫大な給金の金額まで残されており、そうした史実をベースとして物語ができあがってきたわけだが、時代背景を細かく検証していくと、史実としてはとてもあり得ないエピソードも少なくない。


はたしてお吉はハリスの犠牲になったのか？

下田の人たちは本当に差別によってお吉を死に追いやったのか？


まるで従軍慰安婦のように扱われたお吉は、昭和初期、戦争へと向かう時代の中で、多くの国民から同情され人気を集めた。今なお、下田を訪れる観光客には、開国の悲劇のヒロインだと宣伝されている。

だが、下田の人たちが差別によって一人の女性を死に追いやったというエピソードは、いくら有名な話とはいえ、とても地元の子供たちに自慢できる話ではないだろう。

物語は明らかに悲劇を演出して作られているが、真相は別にある。
その経緯について知ってもらうため、先に『まんが安直楼始末記』を上梓した。
漫画にしたのは、もちろん下田の子供たちに読んでほしいためであり、幸いなことに下田市教育委員会に寄贈を受け入れていただき、現在は下田市内の小中学校の図書館で手に取ってもらうことができるようになっている。

その漫画の製作と並行して、伊豆新聞に連載させていただいたのが本書の内容である。書籍版では、その後入手した資料や関係者の証言によって判明した事柄について、大幅な加筆修正を行った。

『唐人お吉』の真実を調べていく過程でわかってきた、いわば「メイキング・オブ・唐人お吉」のドキュメンタリーであり、そこには、お吉と下田を愛した先人たちの劇的な人間ドラマがあった。

お吉をモチーフとした物語を通じて、下田を全国に知られる観光地として発展させた先人たちの情熱とエネルギーに、あらためて深く敬意を表すると共に、そうした先人たちのドラマも、ぜひ知ってほしいと考え、つたないペンをとった。

明治一五〇年を迎えた今、ＮＨＫの大河ドラマでは『西郷どん』を放映している。西郷隆盛に限らず、坂本龍馬も織田信長も、人気の高い歴史上の人物が風化しないのは、同じ人物をさまざまな作家や研究者が、あらゆる角度から、その時代に応じた切り口で表現しているからに他ならない。

幕末の開港地となった唯一無二の歴史を有する下田という町。その下田を盛り上げるべく先人たちが構築してきた内容をただ焼き直しているだけでは『唐人お吉』も下田も、やがては風化してしまうのではないだろうか。

本書で紹介する内容には、まだまだ調査研究の足りない部分も多いが、下田の歴史や『唐人お吉』について、改めて見直すきっかけになってもらえれば幸いである。

平成三十年十二月吉日

幕末お吉研究会　杉　本　武

伊豆新聞連載 加筆修正版

唐人お吉を作った男

contents

幕末お吉研究会印

明治四十四年一月二十五日　靜岡民友新聞

●米公使の外妾　下田小町の墓

▲傾城塚

墓の由來を詳しく知るもの絶えて無けれど心あるものが名も知らぬ野邊の草花をたま〳〵手折りて

▲西洋人

是ぞ我が國人にして外人の妾となりたる嚆矢にて

▲慘殺され

▲下田奉行

▲贅澤な食

▲新内

氣味よしと罵り居りし如き

静岡民友新聞　明治四十四年（一九一一）一月掲載記事
『米公使の外妾　下田小町の墓　訪ふ人もなき傾城塚の由来』

傾《けい》城《せい》塚と

下田の花街 七軒町

着物姿の石仏は塔に身を隠すようにたたずんでいた

高馬（たこうま）傾城塚　2014年4月撮影

静岡県教育委員会が平成七年（一九九五）に発刊した『静岡県歴史の道〜下田街道』には、三島から下田に至る街道沿いの名所、古蹟が一五六項目にわたって掲載されている。その一四六番目に「傾城塚」という名称で紹介されている「宝篋印塔（ほうきょういんとう）」がある。「宝篋印塔」とは供養塔などに使われる仏塔の一種で、戒律復興運動のために律宗僧が招いた石工たちにより建立されたのが起こりらしい。大きさはさまざまだが、同じような形をした塔は全国各地で見ることができる。

「傾城塚」と呼ばれる「宝篋印塔」の場所は下田市高馬三丁目付近。伊豆急下田駅から旧街道を上って行くと、右手に稲生沢川が見えてくる。あの『唐人お吉』が身を投げたといわれている川である。

そのまま川沿いを進み、下田循環器・腎臓クリニックのすぐ先の民家の庭先に黒い塀から頭を突き出した「宝篋印塔」が見える。

歩道から一メートルほど石積みされたこの場所は、かつてはその名の通り土を小高く盛りあげた「塚」の形状をしていたと考えられるが、川との間に幹線道路が整備された折り、一部が崩されて現在のような石積みになったものと推察される。

相当な年月を感じさせる「宝篋印塔」の高さは、二メートルほどもある。

地主の方にうかがったところ、ご先祖様は石工職人だったそうだ。なるほど周囲には狛犬の原型とおぼしき石などが放置されている。

『下田街道』の紹介文には…

「傾城塚と称される室町中期の塔である。壮大、典雅なところからこのように呼ばれるようになったと推定されている（『伊豆下田』）。由来等は明らかでない。」

…とある。

塔の周囲をよく見ると、向かって右には明らかに墓石があるが、墓標に刻まれた文字は風化し、読み取ることができない。

そのすぐ右側には地蔵が置かれていたが、不安定な石積みの際にあったため、歩道に落下することも間々あり、現在は左奥へ移されている。

現在の「傾城塚」は地主のご尽力によって、すっかり整備されているが、塔の左側はかつてうっそうとした草が生い茂っており、そこに小さな石仏があることに気づく人も少なかったことだろう。

柔らかな笑みをうかべた着物姿の小さな石仏は、まるで塔の影に身を隠すかのように、そこに鎮座していた。

『下田街道』の紹介通り、塔の製作年が室町時代（西暦一四五〇年頃）だとすると、今から約五七〇年以上も前のものということになる。

しかし、周囲の石仏はその質感から、塔よりずっと後年に建立されたものだと見受けられる。

そもそも「傾城」とは、城を傾けるほどの美女を意味する言葉。転じて遊女などを差すようになったといわれている。

僧侶たちの戒律復興運動で建立された「宝篋印塔」と、美人や遊女を表す「傾城塚」とでは、明らかに建てられた目的は異なるのではないだろうか。

「宝篋印塔」が、あまりに大きく目立つので、この塔そのものが「傾城塚」だと思われがちだが、塔を中心としたこの辺り一帯が「傾城塚」と呼ばれていたのではないか…と考えた方がよさそうだ。

調べてみると、この場所は江戸の昔から「傾城塚」と呼ばれていたことがわかった。「傾城塚」と呼ばれる場所があるのは何も下田だけではない。全国に点在する「傾城塚」は例外なく花街の近くやその跡地にあり、花街で活躍した身寄りのない美女たちが祀られた場所であることは容易に想像がつく。

かつて下田の花街で一番の芸者といえば、もちろん『唐人お吉』だ。そして、港町である下田にも風待ちの船乗りたちが繰り出した花街があった。

安政元年（一八五四）、ペリーが下田に上陸し、応接所となった了仙寺まで歩いた川沿いの小道は、現在「ペリーロード」と名づけられ下田でも一番の観光スポットになっている。

ポスターやガイドブックで見る「ペリーロード」に惹かれて訪ねてみると、実際にはわずか五〇〇メートルほどの小さな町並みに、記念写真だけ撮ってそそくさと立ち去ってしまう観光客も少なくはない。

しかし、沿道にある古民家を改装した風情あるソウルバーやイタリアンレストランなどの人気は高く、ひと度、そのコミュニティーに入ってしまうと、我が故郷のように通い詰める者も多い。かくいう筆者も、その一人である。

この付近の旧町名を「七軒町」という。

町名の由来については、ペリーが来た年の冬に起きた安政東海地震による大津波の際、

七軒の家が流されずに残っていたから…という話をよく耳にしたが、津波以前の古い地図にもすでに「七軒町」という町名は記されているので明らかにその説は間違いである。

高馬の「傾城塚」も「七軒町」も、共に江戸時代から、そう呼ばれていたわけだ。

美女や遊女を意味する「傾城」と、彼女たちを祀る「傾城塚」が、下田だけでなく日本各地の花街跡や、その近隣にあることについては前述したが、「七軒」という名のついた町もまた、下田だけではなく全国に点在している。

「七軒」について調べを進めてみると、そのルーツは、京都ではないかと思われる。

時は安土桃山時代（一五八七年頃）。京にある北野天満宮が大改修された折り、残った材木を使って参道の近くに七軒の茶屋が作られた。

豊臣秀吉が朝廷や民衆に自己の権威を示すため天満宮で大規模な茶会（北野大茶湯）を催した際、その七軒の茶屋から献上された団子がうまかったと口にしたことがきっかけで注目を集め、発展を遂げた「七軒」は、京でも最古の花街といわれている。

現在も京都、上七軒には芸者踊りで有名な上七軒歌舞練場があり人気を集めている。繁華街を「銀座」と呼ぶように、かつて花街といえば「七軒」と名づけて縁起を担いでいたことがうかがえる。伊豆下田は幕府直轄の土地柄、奉行たちが京をモデルに下田の町づくりをしたと考えても不思議はないだろう。

ちなみに元禄（一六八八〜一七〇四）の頃から花柳界で歌われたという京の民謡「宮津節」には…

〽二度と行こまい丹後の宮津　縞の財布が空になる

…という歌詞があるが、そのままもじって作られたであろう「下田節」では

〽伊豆の下田に長居はおよし、縞の財布が空になる

…と歌われている。

さて『唐人お吉』のモデルとなった斎藤きちは、一時、その京にも赴いている。

後に『唐人お吉』のいわばスピンオフ作品とも言うべき戯曲「唐人お吉と攘夷群」が劇作家で小説家の眞山青果（まやませいか）によって書かれているが、その中ではハリ

スの影響を受けたお吉が、京で開国運動をしたことになっている。

この物語も史実と勘違いされて伝わっているようだが、この物語が作られた経緯について は、また後半で詳しく説明する。


それでは何故、お吉はわざわざ京まで足を運んだのか？

七歳だったお吉を養女にした村山せんは、かつて下田の中心街だった新田の生まれだが、幼くして両親と死別。江戸本所にあった幕府の御舟手頭向井家に子守奉公に行き、息女と一緒に一流の教育を受けて育ったという経歴の持ち主だ。

晩年、下田へ戻ったせんは、自分が持っている技量の継承者として幼いお吉を選び、お吉もまたその要望に応え、下田一といわれる芸者に育っていった。

武家仕込みのせんから英才教育を受けたお吉は、当然、花街のルーツである「七軒」のことも知らされていただろう。

下田一からさらなる高みを目指し、まるで日本のプロ野球選手が大リーグへ挑戦するように、お吉は京へ足を向けた…と、その動機を感じ取れないだろうか。

お吉は晩年、火の玉市兵衛とあだ名されていた父親と同じ中気（脳血管障害）を患う。遺伝的な要因があったものと推察される。

後遺症のため働くこともできず、乞食同然の暮らしを送ることとなり、明治二十三年（一八九〇）三月二十七日、稲生沢川のほとりで水死体となって発見されるという悲しい最期を遂げた。

お吉の没年について、菩提寺である宝福寺では過去帳の記述から明治二十四年（一八九一）だとしているが、本書では戸籍簿に残る明治二十三年（一八九〇）を史実として紹介している。江戸時代の話であれば寺の過去帳の記録に頼るしかないが、近代化も進んだ明治中期の話である。戸籍制度がはじまった明治五年（一八七二）から、二十年近くが経過したこの時期に、年単位で記載を間違うということは考えづらいのではないか。

お吉の死から約二十年後の明治四十四年（一九一一）一月、静岡新聞の前身である静岡民友新聞に、遺体が発見された場所とそこに建立された慰霊碑についての記事が掲載されている。

その場所は一般的にお吉終焉の地と知られている「お吉が淵」ではない。

その場所こそが、冒頭に紹介した高馬の「傾城塚」である。

記事の見出しは…

『米公使の外妾　下田小町の墓　訪ふ人もなき傾城塚の由来』

この記事については下田市立図書館の元館長で詩人の前田實先生が、平成四年（一九九二）発行の郷土誌『下田帖』二十八号掲載「斎藤きち外伝〈下〉」で紹介されている。記事の中に細かな間違いは見受けられるものの、後にさまざまな形で脚色されたお吉話と比べれば事実に近い事柄が書かれている可能性は高いだろう…というのが前田先生のご見解で、まさにその通りだと考える。

どうやら「お吉が淵」は、お吉が没した場所ではなく最期に目撃された場所であり、新聞記事の通りだとすれば川に落ちたのは満昌ヶ淵、発見されたのは高馬ではないかということになる。

満昌ヶ淵は、稲生沢川をさらに上流にのぼった場所にあり、現在のバス停「志戸橋」付近にあたる。かつてこの場所は川の氾濫が頻繁に発生し、亡くなった人の霊を慰める地蔵が今も無数にたたずんでいる。

明治四十四年（一九一一）一月
静岡民友新聞（現 静岡新聞）掲載記事〈全文〉

●米公使の外妾　下田小町の墓
訪ふ人もなき傾城塚の由来

伊豆國賀茂郡稲生澤村字本郷の稲生川のほとりに苔蒸（こけむ）せる一基の墓石淋しく立てるあり、春風秋雨幾年かの野晒（のざ）らしに碑面徒に朽（く）ち行けども、ついぞ香花（こうげ）の手向けられしこともなく、村人の多くは

▲傾城塚（けいせいづか）　とのみ云ひなして墓の由來を詳しく知るもの絶江て無けれど心あるものが名も知らぬ野邊の草花をたまたま手折りて手向くることあり、何様、由緒ある墓ならんと探り得たる傾城塚の由來をば左に記さんに、今は早や夢の流れの徳川も末となりて國に波風烈（はげ）しかりし維新前後のことゝかや、日本に於ける最初の公使、米國総領事ハルリスが伊豆下田港に滞在し、日蓮宗寺院了仙寺を本陣になしたればば之に應對の

▲下田奉行　駐在所下田町は小（ささ）やかなる漁村ながらに頓（と）みに活氣を呈し來り、内には歌舞三絃（かぶさんげん）の絶え間なく、外には出船入船の織るが如き賑やかさ、一時は花のお江戸の繁華にも劣りはせずと見えたりけるが其頃下田町字坂下に名妓あり、名を

▲新内お吉　と稱し美貌世に隠れもなく花や春、一時の全盛を十九歳の一身に集めて下田小町の綽名（あだな）さへ唄はれ居りたり、殊に面白きは此妓侠骨あり又酒戦の豪傑にて相手だにあれば斗酒又辞せざる程の酒量あれど不思議に男嫌いの評判を以て押通し、左る西國の大名が山と積む黄金（こがね）もちよいと鼻先にてあしらいて吹き散らせし程の拗ね者とて唯に見ぬ戀にあこがるゝもの位にてはとても云ひ寄らん術（すべ）だもなかりければ、心ある者は散らで空しくうつろい行く花の将來（ゆくすえ）を嘆（かこ）ちつゝある折り柄

▲遠き旅寝　のつれづれなるまゝに故郷の空戀しきハルリス領事は一夜接待係りの幕吏をそつと招き誰か適當の婦人あれば旅寝の憂（う）さを慰めたしとの内意を通ずれば其の儘直（すぐ）に彼是れと人選に苦心し

たれど日本人なれば兎に角碧眼の金髪は眞平（まつひら）なりと向ふより斷はられさしもの幕吏も別に施さん様もなく此の旨ハルリスに復命せしに一旦かうと云ひ出した上からはとなかなかに承知せず、金は何程にても望に應じて取らす可し是非にくとの熱望故、さらばとばかり再度其の人選に奔走中斯くと傳へ聞きし新内お吉は

▲西洋人　なりとて鬼にても蛇にてもあるまじ、さほどの事なれば妾（わらわ）こそ進んで應ず可しと奉行所に申出でし故、あまりの事に係の役人も一時は唖然としてありけるが渡るに船の幸ひと、ある夜お吉同道ハルリスに見へさせければハルリスの嬉こび一方ならず其の夜より直ちに旅館とせる了仙寺に呼び迎へて寵愛一方ならざりき、是ぞ我が國人にして外人の妾（めかけ）となりたる嚆矢（こうし）にて爾來賀茂郡よりは数年前横濱に於て外人ミラーに

▲惨殺され　し殿岡すえを初めとして現に年々宮内省主獵官一行の特別旅館となれる天城山麓梨本のおいくの如き洋妾中の洋妾（らしゃめん）を續々産出し居れるなり、サテモさる程にハルリスは下田の談判を江戸に移すと共に自分も江戸に移り住みしよりお吉も共に連れ行かれて主人が熱烈なる愛を受けしも榮華の夢は醒め易くハルリス帰國と共に夥しく遺されたる財寶を抱きて横濱に至りあらゆる

▲贅澤（ぜいたく）を貪（むさぼ）った後は横濱にも居耐（いたた）まらず郷里に落延びてありけるが、寄る年波は争はれず、さすがの下田小町も額（ひたへ）に漣（なみ）の小皺（こじわ）よるなる中年増（としま）となり搗(か)てゝ加へて尾羽打ち枯らしたる昔の俤(おもかげ）なきさまには誰ありて云ひ寄らん人も杖柱となる可き人もなく、飛ぶ鳥落さんずる時代のつれなさを怨めるものは寧（むし）ろ小氣味よしと罵（のの）り居りし如き様なればお吉も今はつくづくと世の中が厭（いや）になり雨黒ろく風寒きある夜新吉（ママ）は窃かに紘（ねる）の袂に小石を入れ稲生川の上流なる滿昌ヶ淵より

▲投身して　果敢（はか）なくなり流れ流れたる死体は此の川下即ち本郷のほとりに着きけるを憐れがる人のありて今の處に埋葬し呉れたが傾城塚の由來なりとは傷（いた）ましい最後かな。

お吉が淵と新渡戸稲造

下田を訪れた昭和８年（1933）頃の新渡戸稲造

新渡戸稲造が寄進した「お吉地蔵」が建つ「お吉が淵」

一般的にお吉終焉の地と知られている「お吉が淵」は、伊豆急下田駅の隣の蓮台寺駅から稲生沢川を上流に行った場所にあり、年に一度、お吉の命日に催される「お吉祭り」の日にだけ開かれる祠が建っている。

かつてこの場所は「門栗が淵」という名称だった。「お吉が淵」へと改称されたのは『唐人お吉』が全国的なブームとなっていた昭和八年（一九三三）のことである。

当時、国鉄では熱海から伊東まで延びる伊東線の開通を控え、その先の下田まで路線を伸ばす計画もされていた。

鉄道省の役人が下田を視察した際、下田の郷土史家でお吉研究家として知られる村松春水（むらまつしゅんすい）が、お吉終焉の地として「門栗が淵」を案内すると、役人から「お吉が淵」という名称へ変更するよう提案があったという。つまり「お吉が淵」の名付け親は当時の鉄道省ということになる。

その時、一緒に居合わせていたかどうか定かではないが、同じ頃この「お吉が淵」を春水や下田と隣接する松崎町の町長、依田四郎らの案内で訪れている著名人がいた。

かつて五千円札の肖像にもなった明治の教育者、新渡戸稲造である。

昭和九年（一九三四）四月、郷土誌『黒船』創刊十周年記念で発刊された『黒船画譜』によると、新渡戸が下田を訪ねることになったのは、依田四郎が昭和八年（一九三三）五月に北海道を訪れた際に、たまたま寝台列車で新渡戸と乗り合わせたことがきっかけだったようだ。

松崎町の依田家といえば依田ノ庄と呼ばれた由緒ある庄屋で、一族には明治十六年（一八八三）に北海道十勝原野に入植し、帯広開拓の父と呼ばれた依田勉三がいる。札幌農学校（現・北海道大学）の二期生で、後に札幌農学校助教授を勤めた新渡戸とも遠からぬ関係があったといえる。

新渡戸はアメリカでよく『唐人お吉』の説明をしていたというが、自身は下田を訪れたことがなかった。そこで、依田と会った二ヶ月後の昭和八年（一九三三）七月十六日に下田入りし、翌十七日に「お吉が淵」を訪れることとなった。

どうして新渡戸は、わざわざアメリカで『唐人お吉』の説明をしていたのだろうか？

もちろん、この頃にはもう『唐人お吉』は、小説から芝居、映画へと発展し、日本中

でブームにはなっているが、実は新渡戸はブームになる以前から『唐人お吉』のことを知っていたであろうことがわかってきた。その経緯については後の項目で紹介したい。

さて、この頃のお吉ブームといえば、横暴なアメリカ人ハリスのために、か弱き日本女性が犠牲になったという悲劇に対する同情心が多くの国民の心をとらえていたわけだが、アメリカ人の妻を持ち、国際連盟事務次長まで勤めた新渡戸が、そうした反米的な脚色をなされた物語を肯定的に捉えていたとは考えにくい。

新渡戸が下田を訪れた同じ年の三月には、日本は国際連盟を脱退しており、国際社会からの孤立が進んでいる。そんな中、むしろお吉ブームが国民を戦争へと誘うプロパガンダになるのではないかと危惧を抱いていたとしても不思議はないだろう。

だが、温和な性格で知られる新渡戸は『唐人お吉』の物語にモデルとなった斎藤きちという実在の女性がいた事を知るや…

からくさの、浮き名の下に枯れはてし、君が心は大和撫子

…という句を読み、供養のための地蔵の寄進まで決めて、自分を歓待してくれた下田の人々に礼を尽くした。

後に『唐人お吉』を紹介するパンフレットなどにも掲載されるようになるこの句は、新渡戸が下田訪問の十日後、依田に送った礼状に書かれていたものである。同じ手紙には「お吉地蔵」寄進に対する思いも綴られている。それは自分の亡き母に対しての強い思いであった。

新渡戸稲造は文久二年（一八六二）、岩手県盛岡市に八人兄弟の末っ子として生まれた。父は南部藩の仕事をしていたが、稲造が四歳の時に亡くなっている。母せきは子供たちを立派に育てるという使命感のみに生きた女性で、稲造も幼い頃から、父のように立身出世しなければならないと叩き込まれ、勉学に励んでいた。しかし、稲造が東京で勉強している時、励ましの手紙を送り続けてくれた母は病死し、稲造は死に目に会うことができなかった。そのことは新渡戸稲造にとって生涯、心の傷となっていたようだ。

新渡戸は依田への手紙に「お吉が淵」を訪れた翌日七月十八日が母せきの命日であることを書き、それ故「お吉地蔵」には自分が参った昭和八年七月十七日という日付を必

ず入れてほしいと懇願している。

つまり、新渡戸は下田で聞かされた斎藤きちの犠牲的精神に亡き母の姿を強く感じ、そこに追悼の意をこめて地蔵の寄進を決意し、句を読んだのである。


斎藤きちに母の面影を感じることができた下田訪問は新渡戸にとっていい旅ではあったが、秋にはドイツも国際連盟を脱退し、戦争への機運が高まっていく。

何とか戦争を食い止めようと奔走した新渡戸は、太平洋問題調査会議の日本代表としてカナダに旅立ったが会議後に出血性膵臓炎で倒れ、十月十五日に七十一歳で亡くなってしまう。もちろん完成した「お吉地蔵」を見ることはなかった。


新たな下田の観光資源として整備された「お吉が淵」ではあるが、伊東線は昭和十年（一九三五）に計画通り開通したものの、その後、第二次世界大戦の勃発により下田線の計画は白紙となった。

下田で列車の姿を見るのは、昭和三十六年（一九六一）の伊豆急行線開業まで待つことになる。

薔《ば》薇《ら》娘と西山助《すけ》蔵《ぞう》

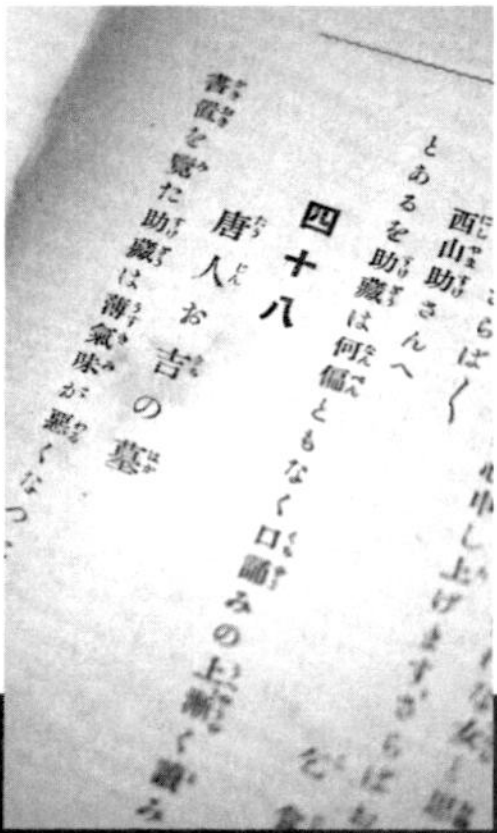

助蔵も登場する「薔薇娘」「唐人お吉」という言葉が初めて活字になっている

信田 葛葉 著「薔薇娘」大正２年（1913）刊

話は大正初期にさかのぼる。

静岡民友新聞の記事『米公使の外妾　下田小町の墓』掲載からわずか半年後、東京新聞の前身である都新聞において『洋妾（らしゃめん）物語』というタイトルの小説が連載を開始する。その小説は大正二年（一九一三）、『薔薇娘』とタイトルを変え、書籍化された。

著者の名は、信田葛葉（のぶたくずは）。

信田については元新聞記者だったということ以外、詳しい素性はわかっていないが、新聞記者だったとすれば、静岡民友新聞で記事を書いた記者こそ信田だったかもしれないと思えるほど、記事の内容と小説は似かよった部分が多い。『薔薇娘』最終章のタイトルは「唐人お吉の墓」。傾城塚にお吉の慰霊碑が建立された経緯も書かれている。

信田が晩年、大阪で何か店を営みながら、郷土史家としてガリ版刷りの同人誌を発刊していたことは、その同人誌を入手できたことにより判明した。

そこで、信田が『薔薇娘』を書くまでの経緯を推察してみた。

生まれは大阪で学生時代より郷土史に興味があり、物書きを仕事にしたいと考えてい

た。新聞社への就職を希望したが、あいにく地元では採用してもらえず、静岡民友新聞に就職口を見つける。

明治四十二年（一九〇九）、神奈川新聞社の前身である横浜貿易新報社が、横浜開港五十周年記念の『横浜開港側面史』を発刊。元下田奉行所足軽頭だった櫻田久之助、後の下岡蓮杖（しもおかれんじょう）が語った領事館の侍妾の話が掲載され話題を呼んだ。

この『横浜開港側面史』において初めて「キチ」という名が活字となっている。

ライバル紙のネタを超える新しい幕末秘史を求めて、信田は下田を取材し『下田小町の墓』に行き着く。

次に信田は、記事に書ききれなかった取材内容の小説化を思い立ち、その企画を持って花の都、東京へ進出。都新聞に持ち込み『洋妾物語』を連載、『薔薇娘』の発刊にこぎつけた…のではないだろうか。

信田には『薔薇娘』のほかに、これといった作品も見当たらず、店を営んでいたということは、少なくとも小説家としては、その後、泣かず飛ばすだった可能性は高い。

ただ、郷土史を愛した信田は最初から小説家になることなど夢みておらず、たまたま金になりそうな話があったので書いただけなのかもしれない。

もちろん、小説を史実と捉えることはできない。

だが、新聞記事であれ、小説であれ、特定の人物や地域のことを書くために、取材は不可欠である。

それでは『米公使の外妾　下田小町の墓』や『薔薇娘』を書くにあたり、信田が取材先に選んだのはいったい誰なのだろうか…？


ここで一旦、ハリスについて触れたい。

ハリスは、来日時に通訳ヒュースケンのほかに四人の支那（中国）人を召し使いとして連れて来ている。通訳のヒュースケンはオランダ生まれだが、貧困から一家でアメリカに移住しており、二十一歳で帰化していた。

日本を開国させたペリーは、ハリスが領事として日本へ向かうことになった時、通訳には自分と一緒に日本へ行った経験を持ち、中国語ができるサミュエル・ウィリアムズを伴うよう勧めた。中国語ができれば漢字で筆談することにより、日本人とのコミュニケーションがとれたのだ。横浜や神戸など古い国際港の近くに中華街があるのは、欧米人たちが通訳として一緒に連れて来た中国人が、そのまま住み着いたためである。

しかし、日本事情について先輩であるウィリアムズを連れて日本に行ったのでは、自分が思うように仕事が進められなくなる可能性もある上、日本での手柄をウィリアムズにとられかねない。

そこでハリスは、あえてどこの馬の骨ともわからない移民の青年、ヒュースケンを連れて来日することにした。新興国に移り住んで歴史に残る仕事をしようというからには、バイタリティーだけでなく、それなりの野心があって当然だろう。

ハリスにはまた別の野心もあった。

ニューヨークで教育局長を務めた経験を持つハリスは、外交官としてだけでなく、新興国だった日本に対して教育的な指導を行うことを考えていた。

そこで来日するや否や、純粋無垢な地元の少年を、自分とヒュースケンの小間使いとして、住み込みで働かせることを奉行所に要求した。

いかめしい役人たちに四六時中、見張られているのも嫌だったに違いない。

白羽の矢が立ったのは下田奉行所の足軽になりたての二人の少年だった。

大地主である西山家の長男、助蔵と、地域の氏神である神明神社の政（まつりごと）を司っていた村山家の次男、瀧蔵である。二人は同じ年の生まれだが玉泉寺に赴いた時、助蔵はまだ十三歳で、瀧蔵は十四歳になったばかりだった。

その後、西山助蔵は明治三年（一八七〇）に、二十八歳で下田へ帰郷し、大正十年（一九二一）、七十八歳で没するまで、下田で暮らしている。

信田が取材を行ったの人物こそ…この西山助蔵だったのだ。

『薔薇娘』は全体的には荒唐無稽な話で完全な娯楽小説だが、玉泉寺にいるお吉の姿を直接見た助蔵が存命の頃、その話をヒントに書かれているという点で、後に登場する幾多の「お吉本」とは明らかに製作の背景が異なっている。もちろん、その内容は助蔵自身も読んでいることは間違いない。

『薔薇娘』によれば、いや、あるいは助蔵によれば、お吉の没後、周知の仲だった助蔵が中心となり、お吉の遺体が見つかった高馬の「傾城塚」に慰霊碑を建立したという。

「傾城塚」のある高馬から稲生沢川をはさんだ対岸に中村と呼ばれている地域がある。かつてこの一帯の大地主で現在もお宅がある西山家の第五代当主、西山助蔵は、実に数奇な人生を歩んだ、いわば「下田のジョン万次郎」といっていい。

九代目当主となった現在は、さすがに大正十年（一九二一）に亡くなった助蔵のことを詳しく知る御子孫もいらっしゃらないが、助蔵がとくに可愛がったという孫・次衛（つぐえ）の妻・山梨まさが、夫の死後、最愛の夫がよく話していたという助蔵の話を風化させまいと昭和四十年（一九六五）に随筆を書き残している。

随筆は『わが家の三代』というタイトルで週刊朝日が主催した懸賞論文のノンフィクション部門に投稿され、全国から集まった六九八点の中から、みごと佳作に選出されたが、残念ながら活字化されてはいない。筆者は御子孫の許しを得て、作文用紙に書かれた肉筆のコピーを入手させていただいた。

助蔵は天保十三年九月八日、現在の暦に直すと一八四二年十月十一日。西山平左衛門、妻ゆうの長男として誕生している。

何事もなければ親の跡を継ぎ、百姓として平穏な生涯を送るはずだったが、十二歳の時、黒船が来航し、下田が即時開港されると、助蔵の運命は劇的に変わっていくことになる。

ペリー艦隊が去った年の暮れ、安政東海地震による大津波で下田は壊滅的な被害を受けた。下田復興のためにも正式な奉行所の建設が急務となったが、さらなる津波を恐れて、沿岸から深く入った中村一帯が建設地に選ばれた。現在の下田警察署付近である。西山家は田畑を奉行所に接収され、助蔵の両親は奉行所勤めに、ちょうど元服の頃を迎えた助蔵も足軽となった。

もっとも自分は百姓にしかなれないと思っていた少年が、突如、侍同様に名字帯刀を許されたのだから、本人にとっては、まんざらでもなかったろう。

ところが、ペリーが去ってから二年後にハリスが来日すると事態は一変する。

今なら中学生の助蔵と瀧蔵は、いきなり見たこともない異人たちと暮らしを共にするハメになってしまった…というわけだ。

足軽頭だった櫻田久之助（下岡蓮杖）は「キチ」の話だけでなく、助蔵たちが玉泉寺

での初めての晩、家に帰りたいと泣いたという話も、後に面白おかしく暴露している。
商業写真の祖は、助蔵たちにとっては嫌味な上司だったかもしれない。

助蔵たちの仕事は、星条旗の掲揚にはじまり、着替えや食事の準備から靴磨きまで、ハリスとヒュースケンの身のまわりの雑務一切だった。
幕末の頃、靴を履いていた人物といえば坂本龍馬の有名な写真が思い当たるが、長崎で龍馬の写真が撮影されたのは慶応三年（一八六七）頃だという話なので、それより十年以上前の安政三年（一八五六）に靴磨きをしていた助蔵と瀧蔵は、ひょっとしたら、初めて靴磨きをした日本人ということになるかもしれない。

そして、助蔵たちが玉泉寺に住み込みをはじめてから十ヶ月ほど経った初夏のこと…
お吉が駕籠でやって来た。

ハリスの通訳 ヒュースケンがスケッチした1856年の玉泉寺

現在の玉泉寺（2013年撮影）

安政のバレンタイン お吉と助蔵

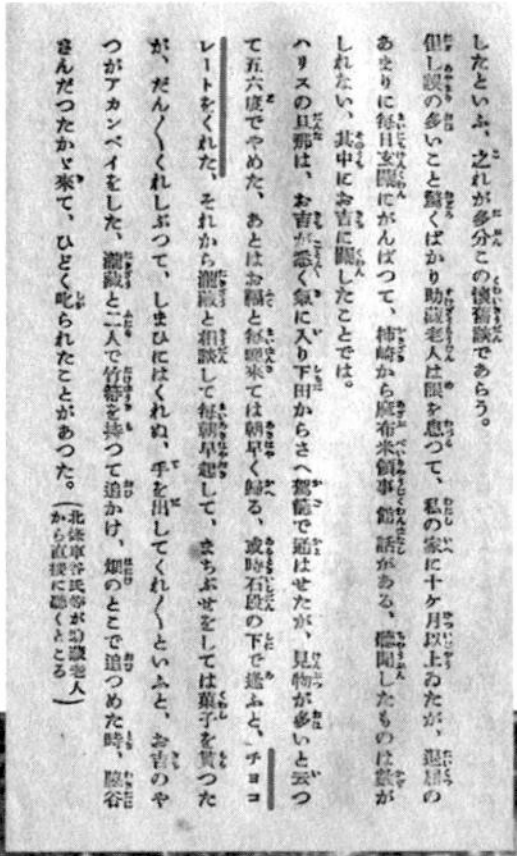

したといふ、之《こ》れが多分《たぶん》この懐舊談《くわいきうだん》であらう。
但《たゞ》し誤《あやまり》の多いこと驚《おどろ》くばかり助蔵老人《すけぞうらうじん》は眼《め》を患《わづら》つて、私《わたし》の家《いへ》に十ケ月以上《いじやう》ゐたが、退屈《たいくつ》のあまりに毎日支躁にがんばつて、柿崎《かきざき》から麻布米領事館話がある、聴聞《ちやうもん》したものは数《かず》がしれない、其中《そのうち》にお吉《きち》に關《くわん》したことでは。
ハリスの旦那《だんな》は、お吉が悉く気に入り下田《しもだ》からさへ駕籠《かご》で通《かよ》はせたが、見物《けんぶつ》が多《おほ》いと云《い》つて五六度《ど》でやめた、あとはお福《ふく》と毎晩来《まいばんき》ては朝早《あさはや》く帰《かへ》る、或時石段《あるときいしだん》の下《した》で逢《あ》ふと、チョコレートをくれた、それから瀧蔵《たきぞう》と相談《さうだん》して毎朝早起《まいあさはやおき》して、まちぶせをしては菓子《くわし》を貰《もら》つたが、だん〳〵くれしぶつて、しまひにはくれぬ、手《て》を出《だ》してくれ〳〵といふと、お吉《きち》のやつがアカンベイをした、瀧蔵《たきぞう》と二人《ふたり》で竹箒《たけばうき》を持《も》つて追《お》かけ、畑《はたけ》のとこで追《お》つめた時、隣谷きんだつたかゞ来て、ひどく叱《しか》られたことがあつた。（北條軍谷氏等が助蔵老人から直接に聴くところ）

村松 春水著「實話 唐人お吉」（1930）には助蔵の談話が紹介されている

お吉と助蔵が出会った玉泉寺の石段　写真は戦前のもので現在の山門は屋根瓦になっている

ハリスが玉泉寺を米国領事館として使用していたのは、安政三〜六年（一八五六〜五九年）までの約三年間。その頃、下田奉行所には足軽頭の櫻田久之介（下岡蓮杖）をはじめ五十名の足軽がいたが、西山助蔵と村山滝蔵にだけには「官史附」という名目がついている。官史が指しているのは、もちろんハリスとヒュースケン。滝蔵はハリスの係、助蔵はヒュースケンの係だった。

今でいえば中学生くらいの遊びたい盛りだったが、当時は十五歳前後で元服を迎えていたことを考えると、現代の子供たちより、子供でいられる時代は短く、早く一人前になることを求められていた。

とはいえ、まだまだ母親は恋しかったであろうし、食べ盛りでもある。

助蔵も瀧蔵も武家に育ったわけではなく、百姓の子が、いきなり足軽になったわけで、玉泉寺での暮らしに慣れてくると、多少のヤンチャぶりも見せていたようだ。

安政四年五月、現在の暦では一八五七年六月の朝。助蔵が玉泉寺の山門がある石段の下で掃除か何かをしていると、山門の中から若い女が出てきた。

その女こそ…お吉だった。

助蔵とお吉の年齢は、お吉の方が一つだけ年上の満十六歳だった。ところが、助蔵の印象では五つか六つ年上の二十過ぎに見えたという。お吉は男勝りの長身だったと伝えられている上、芸者修行でつけた身のこなしのせいか、ずいぶん大人びていたようだ。久しぶりに若い女性を見た年頃の助蔵は何を感じただろう。

ハリスが病床にあることは助蔵も知っていたはずで、看病のために来た女であることは、すぐに理解できたに違いないが…。

石段を降りて来たお吉は、ハリスから看病のお礼としてもらった「チョコレート」を助蔵にも分け与えた。

お吉が帰った後、その話を聞いた滝蔵は悔しがり、次の朝、石段の下で助蔵と二人でお吉が出てくるのを待つことにした。

はたしてお吉は姿を現した。そして、お吉は前日と同じように二人に菓子を分け与えた。

また次の日も…と、毎朝両手を差し出す小僧たちに嫌気が差してきたお吉は、とうとう二人にアッカンベーをして逃げ出した。二人はお吉を追ったが近所の百姓に見つかって、こっぴどく叱られたという。

古文書によればお吉が玉泉寺に行ったのは、わずか三日間となっているが、助蔵の談話によると駕籠に乗って来たのが三日間。駕籠は目立つからやめてほしいというお吉の申し出で、以後は玉泉寺の近くに設けられた控え部屋に徒歩で通い、待機していたという。期間にして半年くらいは通っていたようだ。

ところで、お吉が助蔵に渡した「チョコレート」は、容易に手渡されていることから、長崎に伝わった飲み物の「しょこらあと」ではなく、固形の「チョコレート」だったと推察できる。

現在伝わっている「チョコレート」の歴史によると、固形の「チョコレート」を初めて食べた日本人は、かつて五百円札の肖像でも知られた岩倉具視だということになっている。明治初期の欧州視察の際、フランスで口にしたというのが定説のようだ。

もし助蔵の話が本当なら、日本で初めて「チョコレート」を食べたのはお吉で、女性から「チョコレート」をプレゼントされた最初の日本人男性は助蔵ということになる。

玉泉寺では、こうした微笑ましいエピソードもある一方、領事館が江戸に移された後、助蔵には大きな試練が待ち受けていた。

近年「コンシェルジュ」という言葉をよく耳にするようになった。ホテルなどで宿泊客のさまざまな要望に応える執事のような仕事をするスタッフのことだ。おもてなしの国、日本において初のコンシェルジュと言えば、ハリス、ヒュースケンに仕えた西山助蔵と村山滝蔵だといっても過言ではないだろう。

下田、玉泉寺で始まった二人のコンシェルジュ業務は、安政六年（一八五九）、江戸麻布山にある善福寺に職場を移した。

時代はまだ幕末動乱の頃。幕府がハリスと通商条約を結んだとはいえ、攘夷派といわれる外国人を打ち払おうとする者たちが数多くいた。中でも文久二年（一八六二）、薩摩藩の大名行列と行き交ったイギリス人が神奈川生麦村（現在の横浜市鶴見区）で殺害された「生麦事件」は歴史の教科書にも登場する代表的な事件である。

「生麦事件」の一年半ほど前の万延二年（一八六一）一月、ハリスの通訳で、助蔵が仕えていたヘンリー・ヒュースケンが攘夷派の襲撃によって命を落とした。二十九歳の誕生日まで、あと五日という日の出来事だった。

来日した時、ハリスは五十二歳、ヒュースケンは二十四歳。生涯独身だったハリスにとってヒュースケンは部下としてだけでなく、息子のような存在でもあった。

十四歳になる年から五年もの間、ヒュースケンと常に行動を共にしていた助蔵にとっても、ヒュースケンの死のショックは計り知れない。

助蔵は英語の学習をするために独自に単語帳を作成している。きれいな筆記体で和紙に書かれたこの単語帳は、民間人が作った英和辞書として最古のものとも言われ、現在、下田開国博物館に展示されている。

後に助蔵の単語帳は、キリスト教布教のためにイギリス人宣教師メドハーストが一八三〇年に作成した「英和・和英語彙」を書き写したものであることがわかった。

この件については英学史研究で知られる河元由美子氏（元早稲田大学日本語研究教育センター）が、平成十二年（二〇〇〇）に発表された論文『西山助蔵の「英語単語帳」』（英学史研究 第三十三号）に詳しい。

ところが、書き写したであろう元の辞書は現在のところ日本で見つかってはいない。

むろん最初から助蔵がこの辞書を持っていたのなら何も書き写す必要はない。

これはあくまでも推察だが、その辞書はヒュースケンから助蔵が借り受けたものだったのではないだろうか。

ヒュースケンの死後、ハリスは慰労金と遺品をヒュースケンの母親宛に送っている。

その中に辞書があったと考えると、助蔵が返さなければならなくなった辞書を、悲しみに耐えながら必死で書き写している姿が浮かんでくる。

襲ってくる悲しみに心が折れてしまわないよう、何かに熱中して気持ちをまぎらわせるという行動は、最愛の夫から聞いた助蔵の話を書くことで夫の死という悲しみから逃れようとした、助蔵の孫の妻、山梨まさにも共通しているように感じられてならない。

ところで善福寺時代、助蔵のもとに部下ができた。ハリスに英語を習う目的で奉公に来ていた元 箱館（当時は函館を箱館と書いた）奉行の息子だ。

山梨まさの夫、次衛（つぐえ）は、助蔵の勧めで船乗りとなり、現在の商船三井に入社。ニューヨーク航路の船長を務めた後、三井造船の監査役にまでなっている。

次衛が助蔵に三井へ就職が決まったことを伝えると、助蔵は「益田君のところか」とさらりと言ったという。

その時、次衛にはいったい誰のことだか意味がわからなかったが、後にそれが世界初の総合商社、三井物産を設立した益田孝であることを知って大いに驚いたという。

善福寺時代、助蔵の部下として働いていた少年こそ、後に明治を代表する実業家となる益田孝だったのだ。

西山助蔵が作成した単語帳（下田開国博物館 蔵）

江戸 麻布山 善福寺時代の写真

中央の少年が益田孝、少年の向かって右がハリス、左がヒュースケン
後ろに立つのが村山瀧蔵　写真の一番左が西山助蔵だと考えられている

晩年の助蔵と瀧蔵

下田奉行所跡は現在 下田警察署になっている

瀧蔵がアメリカ土産に持ち帰ったといわれるニューヨークの美人写真（「黒船画譜」より）

ヒュースケンが殺害された翌年の文久二年（一八六二）、初代駐日アメリカ公使タウンゼント・ハリスは、五年九ヶ月におよんだ日本での生活を終え、健康上の理由で帰国の途についた。間もなく六十歳という年齢を考えればそれも無理はないが、南北戦争により、アメリカの政局が大きく変わったことも理由にあったようだ。

奉行たちと交渉を開始した当初は、ハリスの英語をオランダ出身のヒュースケンがオランダ語に訳し、オランダ語ができる外国奉行付き通詞が日本語に訳すという二重の通訳を必要とした。

当時、西洋の言葉といえば英語ではなく、交易のあったオランダ語である。実はペリー来航以前に幕府はオランダからアメリカの船が日本へ向かうという情報を得ている。つまり黒船来航に驚いたのは庶民だけで、幕府にとっては来たるべきものが来ただけの話だった。

ペリー来航前には、すでに英語に堪能な中濱万次郎（ジョン万次郎）も帰国を果たし、幕府で旗本扱いになってはいた。しかし英語ができない外国奉行付き通詞の老中たちが保身のため、万次郎に活躍の場を与えようとしなかったとも言われている。

それでも若手の外国奉行付き通詞の中には英語を学ぶ必要性を感じている者は少なからずおり、アメリカの捕鯨船から日本へ密入国したラナルド・マクドナルドが長崎に収監されると牢内で英会話を習う者もいた。

そうした事情からハリスと交渉を重ねた外国奉行付き通詞の中には、少しは英語のわかる者もいたようだ。

だが、交渉を長引かせるためには二重の通訳を行っていた方が時間稼ぎになる。おまけに英語がわからないふりをしていれば、ハリスとヒュースケンが油断して英語で行う打ち合わせの内容も聞くことができ、真意を探ることも可能だ。

その結果、ハリスはむしろ幕府側から絶大な信用を得ることになった。ハリスが帰国を申し出た時には幕府から留任の願いがあったほどである。

後の世でハリスが日本に対して行ったのは不平等条約だと批判する声も少なくないが、それは日本が国際社会にデビューした後の立場から言えることであって、二百年以上も国際社会から孤立同然だった新興国の頃の日本を思えば平等も不平等もない。当時の西洋諸国と日本とでは、まるで大人と子供のように大きな隔たりがあったのだ。

イギリスが清（中国）に仕掛けたアヘン戦争を心から憎んでいたハリスは、日本が諸外国と貿易をはじめるにあたってアヘンの取り引きを禁止すべきと定義した。このことは日本が植民地化されなかった大きな要因にもなり、教育者ハリスの功績といっていい。

さて、日本初のコンシェルジュとなった西山助蔵と村山瀧蔵はハリスの帰国後も後任のアメリカ公使に仕え、公使館員として働き続けた。

元治二年（一八六五）四月、二代目公使のロバート・プルインが帰国する際、二人をアメリカまで研修に連れて行く話が持ち上がった。

どうやらプルインはハリスと違い奉行たちからの評判が悪く、居心地の悪い日本から早々に帰国を申し出たようだが、それだけでは格好がつかないと見て、日本人コンシェルジュの研修を言い訳のひとつにしたふしもある。

奇しくもこの時、助蔵と瀧蔵の年齢は、死んだヒュースケンがハリスと出会ったのと同じ二十三、四歳。プルインの事情はどうあれ、助蔵と瀧蔵にとっては、ずっと話に聞かされていたアメリカをこの目で直に見るチャンスが訪れたわけだ。

ところが、家督を継ぐべき長男だった助蔵は、家族の猛烈な反対を受け、アメリカ行

きを断念せざるを得なくなり、結局、瀧蔵だけがプルインに同行し船に乗った。

半年後、三代目公使ロバート・ヴァンヴォルケンバーグと共に帰国した瀧蔵は、ほどなくして明治元年（一八六八）、妻ウタを迎えることになり善福寺を出た。多感な時代に苦楽を共にした助蔵との暮らしは、ちょうど十年で終焉を迎えることになった。

瀧蔵は、その後もアメリカ領事館だった神奈川の本覚寺などで仕事を続け、五十歳の定年まで勤め上げた。


先頃、瀧蔵の御子孫を通じて一枚の写真を見せていただいた。

紋付き羽織を着た立派な姿の写真で、明治に入って写真館で撮影されたものである。

もっともこの時代、写真機は写真館にしかなかったので写真館で撮るのは当然の話。撮影料も相当に高く、よほどの記念でもない限り容易に撮影などはできない。

写真の台紙には「江木東京新橋」とあり、写真師、成田常吉の名前も印刷されている。「江木東京新橋」は、現在のＪＲ新橋駅近くにあった。関東大震災前までそこには塔の形をした写真館があり「江木塔」と呼ばれていたらしい。奇しくも今その場所には、塔のような形をした静岡新聞と伊豆新聞の東京支局ビルが建っている。

写真師、成田常吉が「江木東京新橋」で働いていた年代を調べてみると、ちょうど瀧蔵が五十歳を迎えた明治二十五年（一八九二）と符合することから、長年勤めたアメリカ公使館を退館した際の記念に撮影されたものではないかと考えられる。

この写真以外に瀧蔵には、洋服に勲章を付けた姿の写真があり、現在、玉泉寺のハリス記念館に飾られている。瀧蔵が五十一歳の時、オーストリア皇太子（フランツ・フェルデイナント）訪日時に接待役を務め、勲章を受けた時の写真だ。

「江木写真館」で撮影された紋付きの羽織の写真はその前年に撮影されたことになり、アメリカ公使館を退官後、語学に長けた瀧蔵が請われてオーストリア皇太子の接待役をしたという経緯がわかる。

さらに成田常吉について調べてみると、なんと下田出身の商業写真の祖、下岡蓮杖の孫弟子であることがわかった。

成田の前に堂々と立ち、写真を撮影させた瀧蔵は、目の前の写真家が、足軽時代の自分の上司の孫弟子であることに気づいていただろうか…。

また、この写真で瀧蔵が着ている羽織の紋は村山家の家紋ではない。丸に星。アメリカの国籍マークなのだ。

アメリカ合衆国の国籍マーク

村山 瀧蔵 **1842～1918**

瀧蔵のひ孫にあたる村山康郎氏が保管されていた羽織袴姿の肖像写真。玉泉寺ハリス記念館に飾られている洋服姿に勲章を付けた写真は、孫にあたる村山新平氏が昭和61年（1986）に寄贈したもの。

台紙の裏面には「江木 東京新橋」とあり、住所、電話番号の下に「写真師 成田常吉」の名が印刷されている。成田が江木写真館に勤めていた年代や、瀧蔵がアメリカ合衆国の国籍マークの紋付きを着用していることから、50歳で退館した際の記念写真だと考えられる。

助蔵の晩年の写真については、実はいつどこで撮影されたものなのか、今のところわかっていない。おそらく下田で明治の終わりから大正のはじめに撮影されたものだろう。西山家の仏間には、この写真を基にしたと思われる遺影の肖像画が飾られているが、着用している羽織に付いた紋もまた、西山家の「丸に片喰（かたばみ）」ではない。ハリスが初めて下田から出府する際、使用人たちに付けさせたイーグルをデザインしたアメリカの国章が描かれているのだ。

助蔵、瀧蔵にとってハリスやヒュースケンに仕え、日本人として初めてアメリカ公使館で働いたことは、人生の大きな誇りだったことがうかがえる。

いずれ家督を継ぐため下田に戻る必要があった助蔵は、瀧蔵が善福寺を出た後、退官の機会をうかがっていたものの、あうんの呼吸で仕事ができた滝蔵は近くにいなくなるわ、公使館への放火騒ぎが起こるわで、なかなか仕事に区切りをつけることができないでいた。

結局、助蔵が下田に帰ることができたのは明治三年（一八七〇）。

これまた奇しくもヒュースケンが亡くなったのと同じ、二十八歳の時だった。

西山 助蔵 **1842～1921**

イーグルをかたどったアメリカ合衆国 国章付きの羽織を着用している。


肖像写真では今ひとつ不鮮明だが、この写真を基に描かれたと思われる肖像画では、かなり明確に家紋の代わりにアメリカの国章が付いていることがわかる。

右の国章の写真は、江戸出府の際、ハリスが少年時代の助蔵に着用させた羽織に付いていた実物の写真で、御子孫のお宅に切り取られた状態で保管されていた。

晩年、助蔵が着用した羽織に付いていた国章は、ひょっとすると少年時代に付けたこの国章を縫い付けていたのかもしれない。

下田に戻ってみると、とうに国際港は横濱に移されているし、自分の運命を大きく変えた奉行所は跡形もなく、幼少の頃と同じような田畑が広がるばかり。助蔵は、まるで自分が浦島太郎にでもなったような気持ちに陥ったに違いない。英語は達者でも百姓仕事などしたことがない助蔵は、これからこの下田でどうやって生きていこうか思い悩んだことだろう。

助蔵が帰郷した時、三人いた弟たちのうち、二人はすでに養子に出されていた。跡継ぎがいない家に、次男、三男を養子に出すことは当たり前の時代である。末弟の藤蔵（とうぞう）は、まだ八つ。助蔵が善福寺にいた時代に生まれた弟だったので、兄弟らしい親近感はわきづらかっただろう。

違和感ばかりの生まれ故郷に自分の居場所を作るため、助蔵は使う暇もなかった公使館からの給金をはたいて山林を買い、林業のオーナーとなった。

購入したのは、下田と蓮台寺の間にある柳生（やんぎょう）で、伊豆急行線で下田を出ると最初にあるトンネルの下田側だ。

周囲の勧めで、奉行所があった当時の名残で屋号を裏門としていた家のマツを嫁に迎

え、一女とくをもうけたが、長年、異人と暮らしを共にしてきた助蔵にとって、マツとの暮らしは、どうもしっくり来なかったようだ。

助蔵は家族が普通に食べていた麦飯を食べることがどうしてもできなかったという。公使館と同様の食事を田舎町で作れるはずもなく、マツが懸命に尽くせば尽くすほど、価値観の違いは開いてしまったように思われる。


結局、マツには財産を分け与えて実家に帰し、助蔵の強い要望で、年の離れた末弟の藤蔵を戸籍上の長男とした。

当時、施行された徴兵令では長男に兵役はなかった。藤蔵を徴兵されないためには長男にする必要があったという理由もあっただろう。


かくして助蔵は日々山に通うものの、実質的には早くから悠々自適の身となった。

やがて助蔵は、暇に任せて村人に珍しい異人たちとの生活のエピソードを話し始める。そこに登場したのが、お吉の話…というわけである。

テレビもラジオもない時代、村人たちは助蔵の話を面白がったが、コンシェルジュと

して鍛えた持ち前のサービス精神のせいか、あまりに枝葉がつき過ぎて、しまいには「助蔵ばなし」と揶揄されるようにもなってしまう。

ちょうどそんな頃、下田を訪ねたのが静岡民友新聞の記者だったであろう信田葛葉だ。下田で聞き込みを開始すると、すぐに「助蔵ばなし」の噂は耳に入ったに違いない。信田のみならず、助蔵は度々取材を受けていたようだ。ある時は記者と待ち合わせをした平野屋にハリスに作ってもらったイーグルの国章のついた羽織を持参して取材にのぞんだというから、だいぶ取材慣れもしていたことがうかがえる。

助蔵は『薔薇娘』が発刊された大正はじめ頃、自分が持っている柳生の山から切り出した木材を使って自宅の建て替えを行っている。建設費用については、帰郷してからすでに四十年以上が経過していることを考えると、アメリカ公使館からの給金の残りとは考えづらい。もちろん助蔵が林業で得た金や家人が地道に貯蓄してきた資金もあっただろう。

ただ、ひょっとすると『薔薇娘』へのネタ提供の礼金が元手となり、思い切って建て替えに踏み切ったのではないだろうか。

助蔵は、新しくなった自分の部屋にハリスやヒュースケンからもらった記念の品を飾り、満足げだったという。

現在もその屋敷には助蔵の御子孫が暮らしていらっしゃる。外壁などはリフォームされているが、室内を拝見させていただくと今では到底考えられないほど太くて立派な梁が幾本も見受けられ、築百年の歴史を感じさせる。

さて、そんな「助蔵ばなし」を耳にして眉をひそめる男が下田にいた。

後にお吉研究者として知られることになる眼科医、村松春水である。

助蔵が公使館の給金で購入した柳生（やんぎょう）の山　後にここで亡くなっているのが発見された

西山家の菩提寺 徳蔵寺

西山助蔵が眠る墓

助蔵ばなしと
郷土史家村松春水《しゅんすい》

下田で眼科医をしていた村松春水

春水が営む眼科医院の庭先にあった「春水の松」現在は切り倒されその姿を見ることはできない（2013年撮影）

村松春水といえば『唐人お吉』を世に出したことで知られる下田の郷土史家であり、下田を観光地として全国に広めた功労者のひとりである。

春水が長年に渡って調べ上げた内容は「お吉年譜」として結実した。今日、我々が『唐人お吉』こと、斎藤きちの生涯について知ることができるのは春水のおかげだ。

ただ、お吉が通った玉泉寺はアメリカの要人が居住する領事館である。厳戒態勢が敷かれていたはずで、その中で何があったのかは、とても外部からうかがい知ることはできない。公式には奉行所が残した記録だけが史実を知る頼りである。

ここでお吉の名が世間に知られるようになった経緯を整理してみると…

お吉のことが初めて活字になったのは、お吉の没後十九年が経過した明治四十二年（一九〇九）に発刊された『横濱開港側面史』である。足軽頭だった櫻田久之助（下岡蓮杖）が「キチ」という侍妾について語ったのが最初だ。ここで「侍妾」という言葉が使われたのが、後のお吉物語の発端となるわけだが、これはあくまで「大人の見解」といえる。

その二年後、静岡民友新聞に『米公使の外妾　下田小町の墓』の記事が載り、さらにその翌年、小説『薔薇娘』で『唐人お吉』という言葉が初登場することになる。先に紹介した通り、静岡民友新聞の記事と『薔薇娘』のネタ元は、ハリスの小間使いだった西山助蔵であることに間違いはない。助蔵とお吉は同世代で、いわば「仲間の見解」と言える。

静岡民友新聞の記事でも「外妾」という言葉は使われているものの、それは『横濱開港側面史』における蓮杖の談話を受けた上で描かれてものであろう。

いずれにしても、奉行所が残した記録が公表される以前にお吉の話は、玉泉寺で働いていた足軽たちによって漏れ広がっていったと考えられる。

では春水は、そもそも何故、お吉の研究をはじめたのだろうか?

その動機を探ることにより、春水が残した資料をより深く理解することができる。

村松春水は文久三年（一八六三）、維新の志士で伊那懸少参事を務めた村松文三の次男として静岡焼津に生まれている。

明治十二年（一八七九）から東都に遊学、物書きを志し、後に第一回文化勲章を受章

する小説家、幸田露伴などとも交友があった。後年、露伴は下田に春水を訪ね、二人で下田富士に登った時の写真も残されている。

明治二十年（一八八七）から静岡県成東病院の医長、ならびに復明館眼科医院副院長を務めた後、春水は明治二十八年（一八九五）、三十二歳の時、下田に移住し、眼科医院を開業している（別の記録では明治二十九年に移住したというものもある）。

したがって、明治二十三年（一八九〇）に没しているお吉と面識はないわけだが、春水がお吉から直接話を聞いていると誤解している者も少なくないようだ。

春水は著書で、焼津にいた頃、元幕臣で下田奉行だった伊佐新次郎と交流があり、その伊佐からお吉の話を聞いたと説明している。『唐人お吉』物語の中で、お吉をハリスの元へ奉公させるため説得した役人として登場する、あの伊佐新次郎である。

実際には行政のトップが、一アルバイトに過ぎない女性について詳しく知っていたかどうかは疑わしく、春水が伊佐から聞いたとすれば、ハリスに奉公した下田の女性がいたという程度のことだったのではないだろうか。

春水自身、お吉は「泣く泣く」ではなく「快諾」して玉泉寺に行ったと書き残しており、後に一連のお吉物語に描かれた、伊佐による説得は明らかにフィクションである。

下田の中心地だった新田（しんでん）の通りから、神明宮の参道を入った場所に春水が眼科医院を営んでいた明治後期、一人の老人患者が半年ほど入院した。

その老人こそ、少年時代、ハリスに仕えた西山助蔵だった。


片目は不自由だが手足に悪いところがあるわけではなし、助蔵は神明宮のわき辺りを陣取ると、道行く人々に向かってお得意の「助蔵ばなし」を繰り広げていたようだ。

これには春水もずいぶんと迷惑しただろう。どうやら助蔵は伊佐が話していた女性のことも得意げに話しているようだが、その内容自体にも疑念を感じたに違いない。

しかし、相手は自分より二十一も年長の患者＝客である。ましてや、お吉を直接知る助蔵に反論することなど、到底できるはずもなかった。

こうして春水は、悶々としながら「助蔵ばなし」に対抗すべく史実の探求を本格的にはじめた…のではないだろうか。

結果、春水がお吉に関する研究成果を世間に公表するのは助蔵の没後を待つことになる。春水によれば四十年にもわたって研究を続けてきたというが、何故その研究の途中経過さえ公にできなかったのかという理由には助蔵の存在があったと考えられる。

大正十年（一九二一）三月一日、西山助蔵は、その波瀾に満ちた生涯を終えた。いつものように柳生の山へ行ったきり助蔵の帰りが遅いので、家人が探しに行くと山中で倒れているのが発見されたという。七十八歳だった。

墓は自宅と柳生の間に位置する徳蔵寺にある。

もう一人の元祖コンシェルジュ瀧蔵は、大使館を退官後、六十五歳で子息が貿易業を営む中国大連に移り住んでいたが、明治四十五年（一九一二）、明治天皇崩御の年に妻ウタを失い一時帰国、かつて下宿をしていた縁のある東京目黒、大圓寺に墓を建立した。ウタと結婚したのは明治元年（一八六八）なので、瀧蔵の結婚生活は明治の元号とちょうど同じだったということになる。

助蔵は妻マツとは生活を共にしていなかったが、マツも明治四十三年（一九一〇）には亡くなっており、二人とも妻には先立たれている。

瀧蔵は妻の没後も大連に戻って生活をしていたが、大正四年（一九一五）に帰国し、下田に助蔵を訪ねている。

七十を過ぎ、お互いの深いシワを見交わした二人は何を思ったことだろう。

この再会が助蔵と瀧蔵が顔を合わせた最期の機会となった。大連に戻った瀧蔵は、助蔵より二年三ヶ月早い、大正七年（一九一八）十二月二十二日、七十六歳で亡くなっている。

さて、助蔵の死から三年後の大正十三年（一九二四）十月、下田では郷土誌『黒船』が発刊された。関東大震災、翌年のことである。

発行人、森一は雅号を斧水（ふすい）といい、私費で黒船コレクションを集めるなど下田の観光文化に大きく貢献し、後に下田町長も務めた地元の名士。祖父、森斧治郎は国内薬剤師の第一号として知られ、森家は長年、薬局を営んでいた。

この郷土誌『黒船』に創刊時から同人として参画したのが、眼科医だった村松春水である。薬剤師でもある斧水と医師である春水は、かねてから交流は深かった。

春水が明治の文豪、幸田露伴などとも交流があったことについては前述したが、春水自身、文学や誌書にも相当長けた人物だった。

春水は大正末期になり医院を甥に譲ると、長年したためてきた郷土史の研究成果を『黒船』創刊と同時に発表しはじめ、『下田案内』という観光ガイドブックまで発行している。

黒船への密航を企んだ吉田松陰の下田での行動記録なども綿密に調べ上げているが、中でも注目を集めたのは『唐人お吉』にまつわる随筆の数々である。

玉泉寺でハリスやお吉の様子を直に見ている助蔵が存命だった時分には「助蔵ばなし」と揶揄された大げさな昔話に辟易としていた春水だったが、助蔵が亡くなると、もう誰に臆することなく、自ら調べ上げた内容こそ史実だと言わんばかり積極的にお吉研究の公表を『黒船』誌上で展開している。

その証拠として春水の著書の中には、明らかに「助蔵ばなし」を意識し、それを否定する記述も少なくない。

先に紹介した助蔵がお吉に「チョコレート」をもらったというエピソードを紹介しているのも春水で、話の内容自体は否定していないが、助蔵にはこの程度の他愛のない話しかないという扱いで、軽くあしらった姿勢が見てとれる。

また、小説『薔薇娘』に対しても、どうせ「助蔵ばなし」を基にした価値の低い内容だと決めつけた批評を書いている。

高馬の「傾城塚」に至っては、『下田案内』の中で「由緒不明」と明記しているが、そもそも由緒不明であるなら、観光ガイドブックにあえて名称を記載する必要もないと思うのだが…。「助蔵ばなし」を否定するために、わざわざ書いたとしか思えない。

こうして、元号が大正から昭和へと変わる頃、春水もまた医師から、下田郷土史家の第一人者へと変わっていった。

そんな春水の元へ、東京から一人の文士が訪ねて来る。

年の頃は二十代後半の神経質そうな男だ。

その若い男こそ、後に小説『唐人お吉』で一世を風靡する、十一谷義三郎（じゅういちやぎさぶろう）だった。

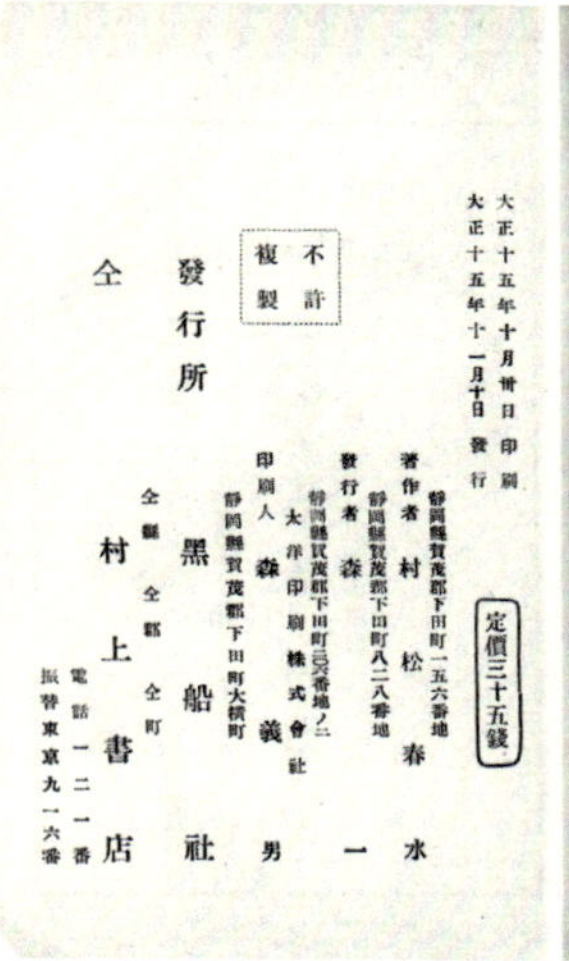
大正十五年十月廿日印刷
大正十五年十一月十日發行

定價三十五錢

著作者 靜岡縣賀茂郡下田町一五六番地 村松春水
發行者 靜岡縣賀茂郡下田町八二八番地 森一
靜岡縣賀茂郡下田町三〇六番地ノ二 大洋印刷株式會社
印刷人 靜岡縣賀茂郡下田町大横町 森義男

不許複製

發行所 黒船社
仝 仝縣仝郡仝町 村上書店 電話一二一番 振替東京九一六番

大正 15 年（1926）に黒船社から発刊された「下田案内」

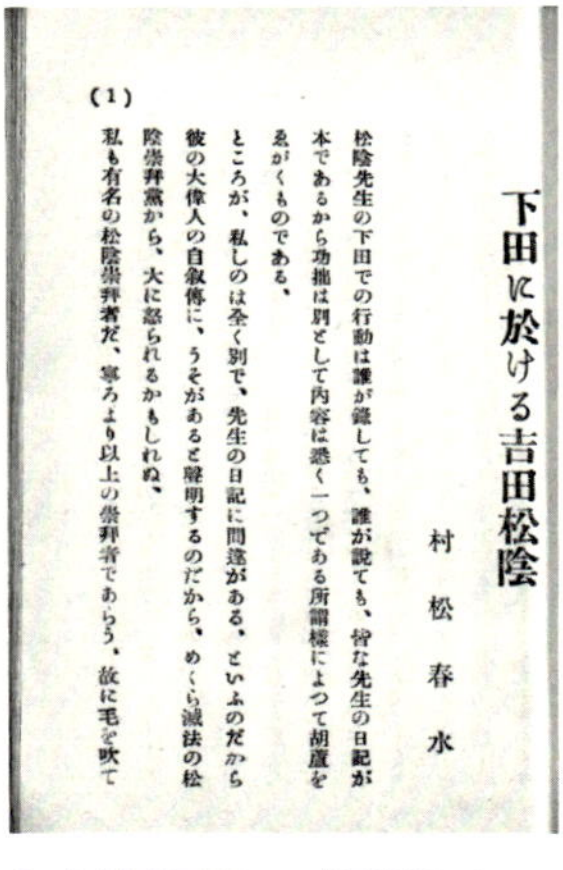
(1)

下田に於ける吉田松陰

村松春水

松陰先生の下田での行動は誰が録しても、誰が說ても、皆な先生の日記が本であるから功拙は別として內容は悉く一つである所謂様によつて胡盧をゑがくものである、

ところが、私しのは全く別で、先生の日記に間違がある、といふのだから彼の大偉人の自叙傳に、うそがあると證明するのだから、めくら滅法の松陰崇拜黨から、大に怒られるかもしれぬ、

私も有名の松陰崇拜者だ、寧ろより以上の崇拜者であらう、故に毛を吹て

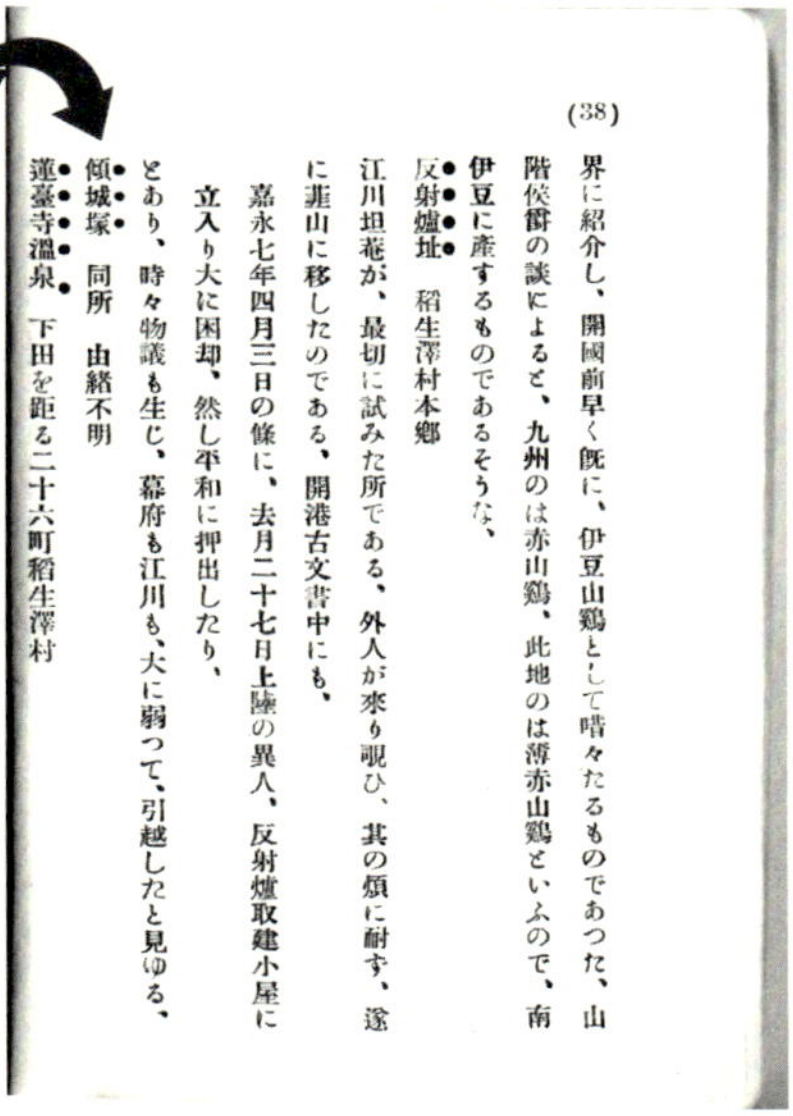
(38)

界に紹介し、開國前早く既に、伊豆山鷄として嘖々たるものであつた、山階侯爵の談によると、九州のは赤山鷄、此地のは薄赤山鷄といふので、南伊豆に產するものであるそうな、

反射爐址　稻生澤村本鄉

江川坦菴が、最切に試みた所である、外人が來り覗ひ、其の煩に耐ず、遂に韮山に移したのである、開港古文書中にも、

嘉永七年四月三日の條に、去月二十七日上陸の異人、反射爐取建小屋に立入り大に困却、然し平和に押出したり、

とあり、時々物議も生じ、幕府も江川も、大に弱つて、引越したと見ゆる、

傾城塚　同所　由緒不明

蓮臺寺溫泉　下田を距る二十六町稻生澤村

春水は、なぜ「由緒不明」の「傾城塚」をわざわざガイドブックに掲載したのか？「傾城塚」に、お吉の慰霊碑があるという「助蔵ばなし」を強く否定したかったのではないだろうか…

ライバルは川端康成
十《じゅう》一《いち》谷《や》義《ぎ》三《さぶ》郎《ろう》

「唐人お吉」で国民文芸賞を受賞した十一谷義三郎

昭和初期　宝福寺で行われた「唐人お吉法會」中央に座る義三郎と向かって右には春水の姿がある（「黒船画譜」より）

『唐人お吉』という物語は有名だが、その作者は誰かということについて明確に答えられる者は、まずいないだろう。

一般的に『唐人お吉』は小説を通してではなく、芝居や映画を通じて全国に知れ渡り、下田観光に訪れても、パンフレットを通じて知ることが多いせいもある。

だが、何より『唐人お吉』が物語としてではなく、史実として伝わってしまっているため、作者について改めて知ろうとする機会も少ないのではないかと思われる。

今でこそネット検索をすれば、知りたいことは大抵調べがつくものだが、『唐人お吉』の作者について調べてみると、まず出てくるのが郷土史家の村松春水で、次いで小説家、十一谷義三郎に行き着く。

幾度もリメイクされている映画版も、春水を原作としているものもあれば、義三郎を原作としているもの、その他の戯曲家を原作としているものも多い。

そもそも春水は郷土史研究家であって小説家ではない。小説家ではないのだが、その研究書を読むと、ところどころ小説風に書かれているため、小説家だと勘違いして説明されている場合も多いようだ。

平成二十九年（二〇一七）十二月、関西大学文学部の関肇教授が『十一谷義三郎「唐人お吉」の誕生』という論文を発表された。

もし、後世の人々が、たとへちよいとでも、
お吉の名といつしよに、僕の名を おもひだしてくれたら、
僕は、天下一の、幸福人だと— 思つてゐる。

十一谷義三郎『自己を語る』（『文学時代』昭五・四）

…という義三郎が遺した言葉ではじまるこの論文は、いまや忘れられてしまった作家、十一谷義三郎に対する再評価の糸口となることを目指し、創作技法やその背景について詳細に解説されている。

そもそも東京にいた義三郎が、何故、遠く離れた下田の『唐人お吉』を知ったのかということについて常々疑問を感じていたが、あいにくその答えはこの論文にもなかった。そこで関教授に手紙を書かせていただいたのだが、資料付きの丁寧な返信をいただき、いたく恐縮した。

それによると、義三郎は昭和三年（一九二八）三月発刊の『時事新報』に連載していたコラム『労生覚え帖』において、知人から聞いた伊豆に作られたユートピアのような村があることに興味を抱き、下田行きの船に乗った。たまたまその船の船長から『唐人お吉』の話を聞いたのだと書いている。

それをきっかけとして下田の郷土誌『黒船』を目にし、春水に出会うのは自然の流れだろう。

十一谷義三郎は明治三十年（一八九七）神戸に生まれた。幕末生まれの春水より三十四歳も下で、親子ほど年が離れている。

義三郎は幼い頃、肉親を結核で亡くし、神戸元町の貧民街で育った。『唐人お吉』が琴線に触れたのも、幼い頃の記憶にある港町で見た洗濯女（売春婦）たちのイメージが根強くあったためだろう。

人一倍の孤独感を抱え込んだ青年の思考は、やがて文学へと向かった。義三郎は生涯、貧困と人間性をテーマに作品を書き続けることになる。

東京帝国大学（現東京大学）へ進んだ義三郎は、そこで自分とよく似た境遇を持ち、同じ関西出身の青年と出会う。

二級下のその男こそ、後に日本人初のノーベル文学賞を受賞する、川端康成だった。

川端も両親や姉を早くに亡くし文学へ傾倒していた。似たもの同士の二人は、同人誌に名を連ねる仲間となった。

ところが、川端は在学中に小説家、菊池寛に認められ、早々に頭角を現していく。

今なお誰もが知っている『伊豆の踊子』は、川端が二十七歳の時に雑誌に発表した作品である。

単行本化された『伊豆の踊子』は、名もない新人の作品だったため、発売当初はほんの数十冊しか売れなかったという逸話も残っているが、少なくとも文学仲間から見れば、異例の出世と感じられたに違いない。

一方、義三郎は翻訳や教師の仕事をしながら、地道に創作を続ける日々を送っていた。

そんな折り、義三郎の弟が結核に冒されていることが判明する。

もちろん弟の病状は心配だっただろうが、肉親に次々と襲いかかる結核を目の当たりにして、次は自分の番だという死への恐怖を感じ始めたという。

このままでは、ライバルの川端には追いつけないし、何ひとつ世に知れた作品を遺すこともできない。

そこで義三郎の心を動かしたのが春水が研究する『唐人お吉』だった…というわけだ。

義三郎は春水からお吉に関する研究資料を買い取り、小説『唐人お吉』に着手した。

奇しくもライバル川端の出世作と同じ、伊豆の女性を主人公とした作品づくりがはじまった。

いわゆる歴史小説には大きく分けて二つの作法がある。

ひとつは明治の文豪、森鴎外の歴史小説に代表されるように徹底的に史実を調べ上げ、余分な演出は極力避けて、ありのままを書くという作法である。

鴎外を敬愛し『戦艦武蔵』をはじめ、『桜田門外ノ変』、『生麦事件』などの歴史小説を数多く遺した吉村昭などがその流れを汲んでいる。

今ひとつは、歴史的事実をモチーフにしながらも、ドラマチックな演出を行い、時に架空の人物を織り交ぜ、芸術的な人間性の追求は行うものの史実とは異なる、いわばエンターテイメント的な作品として仕上げる作法だ。

芥川龍之介や川端康成などの歴史小説は明らかに後者であり、一般的な歴史小説には、圧倒的に後者の方が多い。もちろん、十一谷義三郎の『唐人お吉』もそうである。

お吉がハリスの元へ奉公したのと同時期に、ヒュースケンに奉公したお福という少女がいたことも古文書によって判明し、下田ではよく知られている話だが、義三郎の小説『唐人お吉』にお福は登場しない。

そもそも玉泉寺がアメリカ領事館として使われていた頃には、お吉、お福だけでなく、さよ、きよ、まつといった女性も次々と奉公に上がっている。

また、江戸の善福寺に移った後も、りん、つるといった女性が奉公している。

お吉だけが、取り立てて後の世に名を知られるようになったのは、義三郎が小説『唐人お吉』を書くにあたり、物語の構成や演出上、お吉ひとりにした方が描きやすいと考え、作品には余計な史実を削除したからである。

史実をありのままに書いた作品と、ドラマチックな演出をした作品の、どちらがいいか悪いかという問題ではない。

ただ、歴史を題材とした小説においては、書かれたことがそのまま史実だと信じられてしまう恐れは多分にある。

読み手側も、そうした前提をふまえた上で歴史物語を楽しみ、また理解を深めるようにしなければ、誤った歴史観を持つことになってしまいかねない。

春水が調べ上げた斎藤きちの性格は「火の玉市兵衛」と呼ばれた父親譲りの気っ風のいい女性である。米国領事館となった玉泉寺へ奉公の話が出た時にも「異人だって人。とって食われるわけじゃない」と快諾したと春水は書いている。

一方、義三郎の小説や、それを土台にした芝居や映画で有名になったお吉といえば、許嫁、鶴松との仲を強引に引き裂かれ、泣く泣く駕籠に乗り、玉泉寺へ行く姿。これは明らかに義三郎が創出したキャラクターとしてのお吉である。

本来であれば「助蔵ばなし」と同様、春水としては、真っ先に否定したくなるようなイメージだったに違いない。

ところが同じ頃、東海汽船の前身である東京湾汽船が東京〜下田航路を宣伝するため、下田観光の目玉となるものを探していた。

そこで目を付けたのが義三郎の小説だった。

それ以前に郷土誌『黒船』には春水が発表したお吉研究も掲載されていたが一冊にまとまったものはない。春水の『實話唐人お吉』が書籍として出版されたのは、義三郎の小説『唐人お吉』がヒットした後のことである。

東京湾汽船では小説『唐人お吉』を大量配布し「可哀想なお吉さんのお墓参りに行きましょう」という主旨の一大観光キャンペーンを打った。

戦時色が強まる中、アメリカ人ハリスの犠牲者として売り出されたお吉に、国民の同情は高まりを見せるようになっていく。

もとより義三郎は史実を書こうとはしていない。

いわばヒット作を生むべく作品を創作したと言っていい。

かくして昭和三年（一九二八）、十一谷義三郎は『唐人お吉』の大ヒットにより、国民文芸賞を受賞するに至る。

さて、このような展開になってくると、さすがの春水も義三郎のお吉を簡単には否定し難くなってくる。

ともあれ自分の研究が基となって大ヒット作が生まれ、それにより下田が潤うことにつながるのだから「助蔵ばなし」の時とは違い、あえて否定する必要も感じなかったと考えられる。

むしろ春水は、一躍有名になった義三郎を「自分が育てた作家だ」と鼻高々に自慢し、義三郎も親ほど年の離れた春水を恩人とあがめた。

昭和五年（一九三〇）、下田を訪れた義三郎は春水に誘われ宴の席につく。

場所は大工町にある「すし兼」、狭い階段を上がった二階の座敷だった。

そこは明治一五年（一八八二）から二一年間、お吉が女将を務めた小料理屋「安直楼（あんちょくろう）」として使われていた建物である。

旨い酒に酔いしれて、いい気分になった二人は肩を組んで歌ったという。

「安直楼」の建物は旧大工町に今も残されている。

お吉の「安直楼」が潰れてから七年後の明治二十四年（一八九一）、下田初の寿司店としてこの場所に開業した「すし兼」は、その後三代にわたって営業を続けたが、平成十二年（二〇〇〇）に閉店した。

現在は家主のボランティア活動により、三月の「お吉祭り」と、五月の「黒船祭」に一般公開され、お吉ファンを迎えている。

『唐人お吉』で日本中に知れ渡る大成功をおさめた村松春水と十一谷義三郎…。

しかし、そんな二人の仲も長くは続かなかった。

『唐人お吉』によって結びついた二人は、皮肉にもこの大成功が引き金となって仲違いすることになってしまったようだ。

戦前の「すし兼」(安直楼 跡)

「下田案内」に
掲載された
「すし兼」の広告

お吉がもたれて三味線を奏でたという大黒柱

現在の安直楼(2015 年撮影)

唐人お吉と第二次世界大戦

郷土誌「黒船」の出版をはじめ下田の活性化に尽力した森 一（雅号・斧水）

大正 13 年（1924)〜昭和 19 年（1944）まで発刊されていた月刊「黒船」と往年の黒船社社屋

昭和五年（一九三〇）の或る日…。

郷土誌『黒船』に発表したお吉研究と、それを基にした十一谷義三郎の小説『唐人お吉』によって一躍下田の名士となった村松春水が、馴染みの本屋を訪ねてみると『實話唐人お吉』という本が平積みされていた。著者は村松春水…自分である。

自分が書いた本を店頭で見つければ、普通なら大喜びするところだろうが、その時の春水は違った。

それから、ちょうど十年後。第二次世界大戦が勃発する直前の昭和十五年（一九四〇）に、『ドストエフスキー警句集』の訳者で民衆作家の丹潔（たんきよし）という人物が『艶麗の悲歌〜唐人お吉傳』という本を出版している。

春水の功績を見直すことを目的に書かれたこの本では、下田を出て東京巣鴨で隠居生活を送っていた春水を直接訪ねた時の様子なども紹介されている。

この時、七十代後半になっていた春水は…

「十一谷から本の謝礼は一銭も、もらっていない」

…と憤慨していたという。

もともと十一谷義三郎は、お吉に関する資料を春水に金を支払って入手している。

したがって、それをモチーフにできあがった小説『唐人お吉』については、謝礼をもらっていないということにはならないはずだ。

そうなると春水が指している本というのは何か？

『實話唐人お吉』以外にないのではないだろうか。

『實話唐人お吉』の出版については、著者に無断で行われただけでなく、その印税は本人に支払われなかった可能性が高く、春水と義三郎の関係に大きな亀裂を生じさせた要因になったのではないかと思われる。

『實話唐人お吉』が発刊された時期は、小説『唐人お吉』が大ヒットし、続編の発刊が待たれていた頃のことである。

こうした状況証拠と、春水や義三郎それぞれの立場、うかがい知ることのできる彼らの性格、また大ヒットした『唐人お吉』の二匹目のドジョウを狙う出版社の事情から、次のような経緯が推察できる。

続編が出るまでブームの火を消さないよう…。あるいはブームに便乗しようとした別の出版社の口車に乗せられ、商売にうとい作家の義三郎が、春水の資料をそのまま出版することを許可し、印税までせしめた…のではないか。

金を出して購入した資料をその後どう扱おうと勝手だ…という理屈もあろうが、春水本人の名で出版するとなれば事情は違ってくる。推察の通りであったとすれば、後年、春水が怒っていた理由もうなずける。

あるいは『實話唐人お吉』の出版にあたり、当初は春水も協力していたかもしれないが、結果的に春水の知らぬ間に本は完成し、礼金はなかったことがうかがえる。

義三郎にも多少の後ろめたさがあったのだろうか『實話唐人お吉』のあとがきでは、ずいぶんと春水を持ち上げ、その功績を讃えている。

だが、春水が晩年になってまで愚痴を言っていたところをみると、到底その程度のことでは納得しなかったに違いない。

前項でも紹介した昭和九年（一九三四）発刊の『黒船画譜』には、東京巣鴨の隠居先で書いたと言う春水の序文を筆頭に、幸田露伴の寄稿も掲載されているが、『唐人お吉』を大ヒットさせた十一谷義三郎の言葉は一行も載っていない。わずかに宝福寺で撮影された「唐人お吉法會」の記念写真にその姿は見られるものの、クレジットにすらその名は記載されてはいないのだ。

これは、どう考えても郷土誌『黒船』の立役者だった春水に対する、今風に言えば、

忖度（そんたく）により、十一谷義三郎の功績については、あえて触れられていないと見ていいように思う。

やがて春水の元にお吉の芝居を作りたいと、戯曲家、眞山青果（まやませいか）が訪れる。春水は義三郎のお吉を超える作品を作りだそうと眞山に協力して知恵を出し、お吉が京都に行ったというエピソードを膨らませて「唐人お吉と攘夷派」という芝居を作り出した。

ハリスに影響されたお吉が京都で開国運動をしていたという話は、この時創作されたもので史実とは異なる。

かくして春水は史実を通り越し、「助蔵ばなし」ならぬ「春水ばなし」を作り出すことになってしまった。

以後は、お吉への興味は失せ、南伊豆に構えた別宅で、今度は太田道灌など別の歴史上の人物の研究をはじめると、売れっ子小説家となっていた幸田露伴に、西伊豆の別荘を購入するよう、さかんに勧めたりもしている。

一方、大ヒット作となった十一谷義三郎の小説『唐人お吉』は、その後次々と続編が書かれ、おそらく全部で六部ほどはある超大作となった。

おそらく…と書いたのは、現在そのすべてを入手することが極めて困難だからで、最終作に至っては雑誌には発表されたようだが書籍化もされてはいない。

インターネットの発達により、近年はこうした書籍化されていない作品の情報が共有化され、再び日の目を見る機会も出てきた。川端康成や坂口安吾の幻の作品が発見されて話題を呼んだことは記憶に新しい。

現在は全国の主要な古書店がネットワークを結び、探したい本がすぐに見つかるようになった。先に紹介した明治時代の『横濱開港側面史』や、大正時代の『薔薇娘』まで即座に入手することができるようになったおかげで『唐人お吉』の歴史を改めて紐解くことにつながっている。

義三郎が書いたすべての『唐人お吉』がコンプリートされる日も遠くはないだろう。

そんな時代にあって、川端康成が書いた『伊豆の踊子』は今でも普通に本屋で買うことができるのに対し、義三郎の出世作『唐人お吉』のシリーズが容易に入手できないのは何故であるか…。

むろん、同時期に発刊された小説は、現代ほどではないにしろ大量にあったわけで、時の流れと共に忘れ去られてしまう作品も数知れない。

だが、義三郎の小説『唐人お吉』は国民文学賞まで受賞した作品であり、しかも『唐人お吉』自体は今でも舞台となった下田を中心に語り継がれているのに…である。

その大きな理由は、第二次世界大戦にあった。


昭和初年から始まったお吉ブームは、芝居や映画を通して全国的なものとなり、一躍観光の町となった下田では、内藤世水による『唐人お吉一代記』という短編作品が積極的に使われるようになった。

『唐人お吉一代記』の内容は義三郎が創作したキャラクターとしてのお吉の物語を軸に、現実の斎藤きちのエピソードを織り交ぜたような作品で、下田へお吉観光に来た客に対して説明しやすいものになっている。観光客の期待を裏切るまいとするサービス精神の賜ではあるのだが…。

こうして、アメリカ人ハリスのために引き起こされた幕末の悲劇『唐人お吉』関連の物語は、戦時色が強まった時代に多くの国民の同情を集め、人気が定着していった。

昭和十六年（一九四一）、ついに第二次世界大戦が勃発すると、それまで社会運動的に広がりを見せていた敵性語禁止の風潮はさらに強まっていく。野球の「セーフ／アウト」を「よし／それまで」と言い換えたという話は有名だが、実際にそうしなければならないという法律はなく、これもまた今でいう忖度（そんたく）というやつである。

戦争が長引くと紙も配給制となり、昭和十九年（一九四四）には、下田の郷土誌『黒船』も廃刊をやむなくされた。

物資の不足はもとより、異国の脅威を感じさせる、黒船、ペリー、ハリス、ついでにお吉まで観光宣伝に使うことはまかりならんという雰囲気が少なからずあったようだ。

戦時色の高まりと歩調を合わせるように人気を博していった『唐人お吉』は、皮肉にも戦争のために封印されることになってしまったというわけである。

戦後再び、下田観光の目玉として『唐人お吉』は復活を遂げることになるが、その時のお吉は義三郎が書いた『唐人お吉』ではなく、物語と史実がミックスされた『唐人お吉一代記』がベースとなり今日に至っている。

十《じゅう》一《いち》谷《や》義《ぎ》三《さぶ》郎《ろう》が守りぬいたもの

十一谷義三郎 著「時の敗者 唐人お吉」に 木村荘八が描いた挿絵

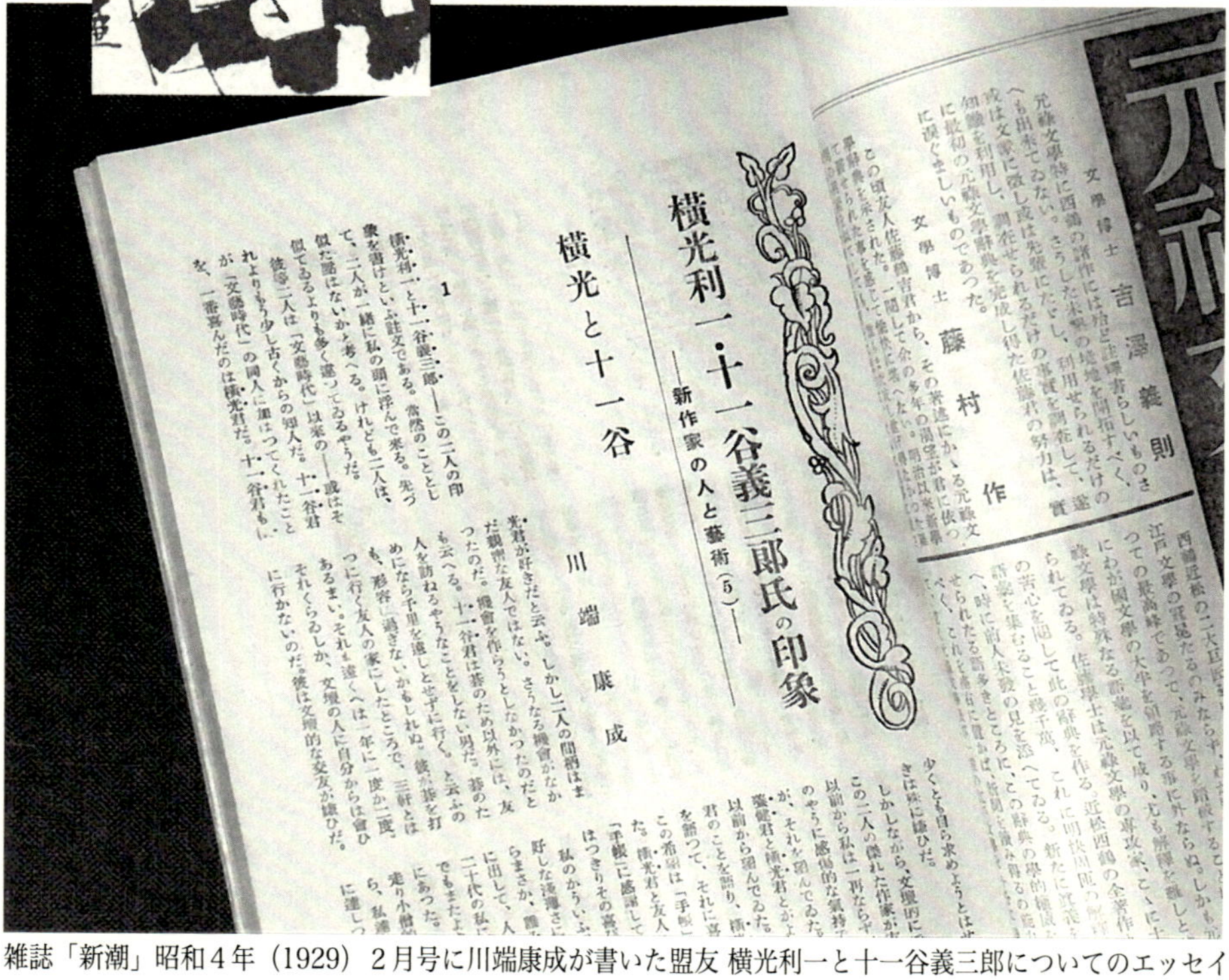

横光利一・十一谷義三郎氏の印象
――新作家の人と藝術（5）――

横光と十一谷

川端康成

1

横光利一と十一谷義三郎――この二人の印象を書けといふ註文である。當然のこととして、二人が一緒に私の頭に浮んで來る。先づ似た點はないかと考へる。けれども二人は、似てゐるよりも多く違つてゐるやうだ。

彼等二人は「文藝時代」以來の――或はそれよりもう少し古くからの知人だ。十一谷君が「文藝時代」の同人に加はつてくれたことを、一番喜んだのは横光君だ。十一谷君も横光君が好きだと云ふ。しかし二人の間柄はまだ親密な友人ではない。さうなる機會がなかつたのだ。機會を作らうとしなかつたのだとも云へる。十一谷君は碁のため以外には、友人を訪ねるやうなことをしない男だ。碁のためにならば千里を遠しとせずに行く。と云ふのも、形容に過ぎないかもしれぬ。彼が碁を打つに行く友人の家にしたところで、三軒とはあるまい。それも遠くへは一年に一度か二度。それくらゐしか、文壇の人に自分からは會ひに行かないのだ。彼は文壇的な交友が嫌ひだ。

雑誌「新潮」昭和４年（1929）２月号に川端康成が書いた盟友 横光利一と十一谷義三郎についてのエッセイ

東京帝国大学で二級下だった川端康成が文壇で活躍しはじめるのを横目に、何とかして自分もライバルに追いつき、追い越そうと思いを巡らせていた小説家、十一谷義三郎。その背中を強く押したのは、実の弟が父親と同じ病と診断されたことだった。昭和初期の時代、死の病と恐れられていた肺結核である。

この頃、義三郎は二十代後半。飲めない酒を飲んで気を紛らわせていたというが、しきりに死を思い、次は自分の番だという強迫観念にとらわれていたという。

そこで一矢報いるため、下田の郷土誌『黒船』で話題となった村松春水のお吉資料を買い取り、それをモチーフにヒット作を創り出すべく挑んだのが『唐人お吉』だったことは、これまで説明した通りである。

こうした動機で書かれた作品は下田観光のキャンペーンにも使われ、目論見通りの大ヒットとなったが、シリーズの最初となる『唐人お吉』が発表された昭和三年(一九二八)に弟が亡くなると、義三郎の生き方は大きく転換していったと感じられる。

そもそも義三郎のお吉は、春水の資料が設定や背景に使われているものの、主人公、お吉のキャラクターについては、義三郎の記憶から反映されたイメージが色濃く感じられる。

幼くして父親を亡くした義三郎は、神戸の貧民街で育ち、周囲には貧しい洗濯女（売春婦）たちが日々の暮らしにあえいでいた。こうした悲しい女たちの姿が義三郎の作りだしたお吉の原点にはあるのだ。

戦前、日本が貧しかった時代にあって、義三郎が創り出したお吉像は多くの国民の心をとらえた。しかも、貧困の原因は異国のせいだという戦前の風潮とも、うまくマッチした。

一方、文壇においては、それまでの義三郎の作風と異なる『唐人お吉』は決して評判のいいものではなかったようだ。

それでも一般的な注目が集まり、本が売れれば義三郎自身は満足だったろう。

このあたりが弟の死後、義三郎が変わった点ではないかと思われる。

さらに自分の次のお吉本が出るまでの中継ぎとして、春水に無断で春水の資料をそのまま出版し、その印税も春水には渡さなかった。儲けたのは義三郎と出版社だけである。

このような説明をすると、十一谷義三郎という小説家は自分の地位と名誉のためだけに突き進んだ、ただのがめつい男だと思われるかもしれない。

しかし、義三郎には義三郎なりに守り抜きたいものがあったことを記しておきたい。

昭和十二年（一九三七）、義三郎は三十九歳の若さで亡くなっている。自身が心配した通り、父、弟と同じく肺結核だった。

平成十一年（一九九九）になってようやく、その足跡を見直す『十一谷義三郎／書誌と作品』というアーカイブ本が出版されたが、その中で父、義三郎が亡くなった時、まだ三歳だった一女はこう語っている。

「戦後、父のお蔭で経済的にも恵まれ、時々未知のファンの方から墓はどこかなど、お尋ねがあったり、改めて父の偉大さに感謝しております」

貧困と闘い、命のカウントダウンに身を震わせながらも、プライドをかなぐり捨てて戦い抜いた男、十一谷義三郎は、自分の代で貧困と決別する…という落とし前をきっちりとつけて逝った。

ただ、はからずも戦争激化による敵性語禁止のとばっちりを受け、代表作『唐人お吉』が世間から葬り去られてしまったことは知らず終いだった。

ここで今一度、敬意をこめて義三郎が遺した言葉を読んでいただきたいと思う。

もし、後世の人々が、たとへちよいとでも、
お吉の名といつしよに、
僕の名を おもひだしてくれたら、
僕は、天下一の、幸福人だと──思つてゐる。

十一谷義三郎

下田開国広場（下田公園）より町を望む　三角の山は下田富士

晩年の村松春《しゅん》水《すい》

笑顔を見せている春水のレリーフ

下田開国広場に建つ村松春水の功績を讃える記念碑

下田の郷土史家、村松春水のお吉研究の集大成といえば、何といっても「お吉年譜」だろう。

その後の研究により補足すべき点はあるにせよ、あの「お吉年譜」がなければ『唐人お吉』のモデルとなった斎藤きちという女性が、幕末から明治という激動の時代を確かに生き抜いた、その歴史を私たちは知ることはできなかった。

しかし「お吉年譜」を残した春水自身の年譜は、ようとして知れない。

幕末に焼津で生まれ、東都遊学の後、三十代前半で下田に移住。眼科を開業し、甥に医院を譲った隠居後は郷土史研究に邁進。郷土誌『黒船』にお吉研究を発表し、注目を集める。その研究資料を基に、小説家、十一谷義三郎が『唐人お吉』を書き上げ、全国的なブームになる…というところまでは一般的によく紹介されているが、最終的に埼玉の隠居先で亡くなるまでの間についての詳細はほとんど知られていない。

昭和初期のお吉ブームは、昭和三年（一九二八）頃からはじまる。

戦争が激しくなり、敵性語禁止の風潮で封印されてしまう昭和十九年（一九四四）頃まで続くが、どうやら春水はブームの初期には、もう下田を出てしまっていたようだ。

先に紹介した春水の功績を見直すべく丹潔が書いた『艶麗の悲歌〜唐人お吉傳』は、昭和十五年（一九四〇）に泰山房書店から出版されているが、さらに十年後、ジープ社より『傳記　唐人お吉』として改訂版が出ている。改訂版のまえがきには何故か前作は「七年前」と書かれているが、発行年を見る限り、ちょうど十年後となる。

戦前版と戦後版ということで、改訂版ではカットされている箇所も多いが、基本的な内容は同じだ。

その本によると、昭和十五年（一九四〇）頃、七十代後半となっていた春水は、東京巣鴨で漢詩や書道の指導をしながら暮らしていたようだが、お吉について話を向けると

「お吉とは、もう離縁した」

…と、多くを語ろうとはしなかったという。

春水の人生にとって最大の偉業であったはずのお吉研究が、晩年には忘れたいことになっていたというのは何とも切ない話である。

だが若い頃、お吉の話を伊佐新次郎から聞いたことがあったとはいえ、ハリスに仕えた西山助蔵が話していたお吉の逸話を覆すために、本格的なお吉研究を春水がはじめたのだとすれば、それがまた別の人間たちによって覆されていったわけで、ある意味、因

果応報な結末だったと言えなくもない。

昭和二十七年（一九五二）、春水は八十九歳でこの世を去った。

その死から四年後の昭和三十一年（一九五六）、下田市観光協会の会長、森斧水は、下田を全国に知らしめた功労者、村松春水の記念碑を下田公園の開国広場に建立した。

前年の昭和三十年（一九五五）には、斧水自身も観光功労者として下田町から表彰を受けている。

斧水は、春水が下田を出た後も観光事業に止まらず、下田町長をはじめ、下田町教育委員会長、賀茂群薬剤師会長など、さまざまな組織の先頭に立って積極的に地域貢献活動をしていたが、昭和三十六年（一九六一）三月九日、惜しくも五十九歳の若さで急逝してしまった。

平成最後の今年も開国広場では「黒船祭」の記念式典が盛大に行われた。

新元号となる来年（二〇一九）は、記念すべき第八十回を迎えることになる。

その式典を真正面に望む春水の記念碑に刻まれた説明文は、経年劣化によって長い間判読できなかったが、近年整備され、現在は読み取ることができるようになった。しかし、近くにあるカーター元大統領の記念碑にカメラを向ける者はいても、それより立派に作られている春水の記念碑の前に立ち止まる者の姿がないのは、何とも淋しい限りである。

村松眼科医院の庭先にあった「春水の松」は、マイマイ通りの街路樹として親しまれていたが、平成二十五年（二〇一三）の秋、松くい虫にやられた後、台風によって倒木し、やむなく切り倒されてしまった。今はもう説明の看板も、切り株さえもない。

今や下田の町で、村松春水の面影を見ることができるのは、この記念碑だけとなってしまった。

村松春水の記念碑に刻まれている森 斧水の言葉

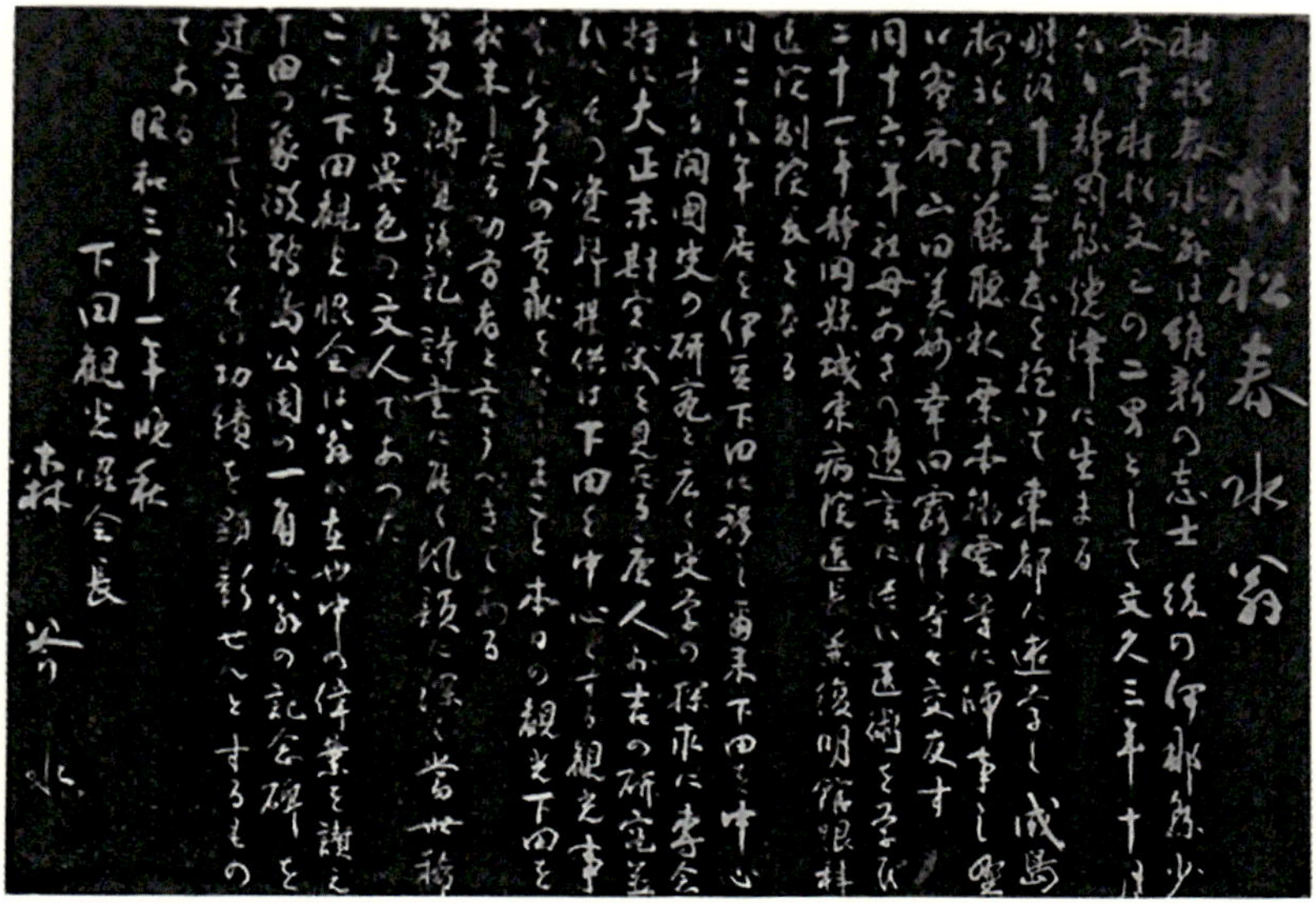

村松春水翁

村松春水翁は 維新の志士 後の伊那懸少
参事 村松文三の二男として 文久三年十月
六日 静岡懸焼津に生まる
明治十二年 志を抱いて 東都に遊学し 成島
柳北、 伊藤聴水、 栗本鋤雲、 等に師事し 野
口寧斉、 山田美妙 幸田露伴、 等と交友す
同十六年 祖母あさの遺言に従い 医術を学び
二十一年 静岡懸城東病院医長 兼 復明館眼科
医院副院長となる
同二十八年 居を伊豆下田に移し 爾来下田を中心
とする開国史の研究を広く史学の探究に専念
特に大正末期完成を見たる唐人お吉の研究並
びにとその資料提供は下田を中心とする観光事
業に多大な貢献をなし まこと本日の観光下田を
招来したる功労者と言うべきである
翁又 博覧強記 詩書に能く 風韻に深く 当世稀
に見る異色の文人であった
ここに下田観光協会は 翁の在世中の偉業を讃え
下田の象徴 鵜島公園の一角に 翁の記念碑を
建立して 永くその功績を顕彰せんとするもの
である

昭和三十一年 晩秋
下田観光協会長
森 斧水

唐人お吉と忠犬ハチ公

昭和 10 年（1935）文部省発行の「児童用 尋常小學修身書 巻二」

ヲ シナイ ヤウ ニ。」
ト イマシメテ、別 ニ トガメマセン デシタ。
シャウヂキ ハ 一シャウ ノ タカラ。

二十六 オン ヲ 忘レル ナ

ハチ ハ、カハイイ 犬 デス。生マレテ 間

尋修二

モナク ヨソ ノ 人
ニ ヒキ取ラレ、ソノ
家 ノ 子 ノ ヤウ ニ
テ カハイガラレマ
タ。ソノ タメ ニ、
ヨワカッタ カラダ モ、
ハソウ ヂャウブ ニ
ナリマシタ。

七十五

「オン ヲ 忘レル ナ」に登場する忠犬ハチ公

下田の町には、今もあちこちで『唐人お吉』という言葉を目にするが、実在した斎藤きちの面影を伝えるものは意外に少ない。

もちろん、お吉の名を知らしめることになる初のアメリカ領事館となった玉泉寺も本堂は当時の面影を残しているし、菩提寺といわれる宝福寺には「お吉記念館」も併設されている。

だが、それらはお吉が実際に生活していた場所ではない。

お吉の実家があった坂下町も、養母せんと暮らした新田（しんでん）も、当然のことながら現在はすっかり風情が変わっていて、住居の場所を特定するのも難しいほどだ。

唯一、お吉が生活した場所として、ほぼ当時のまま残されているのは、四十を過ぎた明治十五年（一八八二）から十七年（一八八四）まで、女将として切り盛りしていた小料理店「安直楼」のみである。

斎藤きちは、この「安直楼」で、養子にした安吉、せんと一緒に暮らしており、そのことを示す当時の戸籍簿も見つかっている。※本書一四二ページに掲載

今も旧大工町に残るこの建物の正面に掲げられた観光案内には、お吉が「自ら酒に溺れて数年で店をたたむ」と書かれているが、これは『唐人お吉』の物語と史実をミック

スし、観光客向けにシンプルにまとめた『唐人お吉一代記』のエピソードそのままで、史実とは異なる。

斎藤きちが「安直楼」の女将を引き受けた経緯や、経営が立ちゆかなくなった要因や時代背景を探っていくと、お吉は決して「唐人」という差別的な理由で下田の人たちに石つぶてを受けたわけではないこともわかってきた。

平成二十九年（二〇一七）の「お吉祭り」において、その研究成果を題材とした小説『安直楼始末記』を舞台となった「安直楼」で発表するという好機を得ることができ、翌年には、より幅広い年齢層にこの内容を知っていただくため、『まんが安直楼始末記』を完成させることができた。

地元の学校の先生方に話を聞くと、これまで『唐人お吉』の物語は、子供たちに対して、かなり説明しづらいものだったという。

確かに異国人の妾の話は、まるで従軍慰安婦そのものであるし、何と言っても下田の祖先たちが差別によって女性をいじめ殺したという話では、いかに大昔の話とはいえ、地元に生活する子供たちに胸を張ってできるものではない。

しかも、これまで伝えられている物語がフィクションや誤解によって作られてしまったものであることに薄々気づいていても真相はわからないままだった。

『まんが安直楼始末記』によって、これまでの『唐人お吉』物語とは、まったく違った切り口のエピソードと、逞しいお吉像を感じてもらえれば幸いである。

戦前の子供たちにとっても『唐人お吉』の物語は理解し難いものだったと考えられるが、その代わり子供たちには子供たち向けのプロパガンダ的な物語が用意されていた。それが『忠犬ハチ公』の物語だったのではないだろうか。

JR渋谷駅前に鎮座する『忠犬ハチ公』は、誰もが知るように、出先で突然亡くなってしまった主人の帰りを十年もの間、駅前で待ち、そのまま駅前で死んでいったという老犬の悲劇である。

ハチ公の主人である大学教授・上野英三郎が勤務先で亡くなったのは、大正十四年(一九二五)のことだ。

毎日、駅前で帰らぬ主人を待っていたハチ公は、やがて新聞に取り上げられ、人気を

集めるようになる。

昭和九年（一九三四）には銅像が建てられることになったが、その時、ハチ公はまだ元気で、除幕式では自分の銅像と肩を並べて写真に収まっている。

こうしたハチ公人気に目をつけたのが、当時の文部省だった。

尋常小学校の修身の教科書にハチ公の物語を掲載し「オン（恩）ヲ忘レルナ」という国家への忠誠につながる教育の一端をハチ公に担わせたことがうかがえる。

この『忠犬ハチ公』プロパガンダ説に異論を唱える愛犬家が少なくないことも承知している。いわく実際に尋常小学校の教科書に掲載されている内容をよく読めば、戦争に通じることなど、どこにも書いていない…という見解だ。

そこで実際に当時の教科書を、例によってインターネットを活用して入手した。文部省、昭和十年（一九三五）十月検査済の尋常小學 修身二年生の教科書である。

なるほど『忠犬ハチ公』が登場する「オン（恩）ヲ忘レルナ」の項目だけを拾って読んでみれば、直接戦争に関わる内容ではないように思える。

しかし、同じ教科書には「テンノウヘイカ（天皇陛下）」や「チュウギ（忠義）」と

いう海軍中佐・廣瀬武夫の話なども掲載され、通して読んでみると、やはり戦時色の強さが感じられてならない。

戦争や経済恐慌といった国家の危機や政党内閣の危機に際し、対立する政党をも包含して作られた挙国一致内閣下において、文部省や教師たちにも、これまた忖度（そんたく）があったことは想像に難くない。

こうして結果的に、大人たちは『唐人お吉』から敵国の横暴に対する断固たる態度を。そして、子供たちは『忠犬ハチ公』から国家への忠誠が必要であるという教育を受け、戦争への道を進まされていったとも考えられる。

もちろん、憎むべきは戦争そのもので、戦争を起こした原因が『唐人お吉』や『忠犬ハチ公』にあったわけではないことは強く主張しておきたい。

戦争が激しくなると『唐人お吉』が敵性語禁止のあおりを受け封印されてしまったように、『忠犬ハチ公』もまた、初代の銅像は金属供出によって破壊されるという皮肉な運命をたどってしまった。

現在、ＪＲ渋谷駅前に建つハチ公像は昭和二十三年（一九四八）に再建されたもので、戦後とはいえ日本がまだ占領下にあった時代に作られている。

再建時には、連合国軍最高司令官総司令部（ＧＨＱ）の愛犬家たちも一緒になって尽力したが、ただ一点「忠犬」という言葉は軍国主義的なので「愛犬」に改めるよう示唆したらしい。だが、そこに忖度（そんたく）はなく、今日に至っている。

歴史の解釈はさまざまである。また、歴史認識に限らず一方的な話に流されてしまうというのは極めて危険なことだ。

『まんが安直楼始末記』を寄贈した下田の中学の先生から、生徒たちに宛てたメッセージをもらえないかという相談を受けた。

そこで少しばかり教育的に頭を働かせて、以下のようなメッセージを書かせていただいた。

皆さんへ

この度、私の自由研究が、皆さんの手の届くところへ並ぶというのは、この上ない喜びです。

私は、つい五、六年前、初めて下田の町中を観光した新参者です。つい五、六年前…と書きましたが、学生の皆さんにとって五、六年という年月は、変化の激しい長い時間でしょう。でも、社会に出ると、五、六年は本当にアッという間だということを、やがて皆さんも実感することになると思います。

さて、そんな私が何故『唐人お吉』について書くに至ったかといえば、ちょっとした疑問がきっかけでした。ふり返ってみれば、私が自宅のある横浜から何度も下田へ通い、調べていたことは、皆さんがしている地域学習と何ら変わりはありません。

町のあちこちに掲げられている『唐人お吉』という看板の意味について疑問に思い、関係先をまわり、そこで得た「可哀想なお吉さん」の情報に同情し、もっといろいろ知りたいと考えてネットを叩きました。

すると紹介されていることとは、また違う情報に接し、かえって疑問は深まっていきました。

自分に何ができるかということは、実際にやってみないとわかりません。チャンスがないからできないというのは自分を慰めるための言い訳に過ぎないでしょう。

実は「疑問」を感じるこそが「チャンス」を見つけたことで、「疑問」を見過ごすことは「チャンス」を逃すことにほかなりません。そういう意味では「チャンス」は、そこらじゅうに転がっているのです。

私は自分が感じた『唐人お吉』への「疑問」を追求することで、お吉さんのみならず、下田と自分が住んでいる横浜の関係。また、お吉さんに関わったさまざまな人たちの人生について知ることができました。

そして「知る」ことが、それを「大切」にすることにつながっていき「大切」にすることで、また自分も大切にされていくということを感じました。

知らない人は好きになれませんし、自分が好意を持っていないと、相手からも好意は持たれないでしょう。

現代は情報過多の時代ですが、他人の思い込みに流されてしまうと偏見が生まれてきます。偏見は諍（いさか）いを生じ、やがて戦争にも発展しかねません。

皆さんも、ぜひ自分が感じた「疑問」について、一方だけの情報を鵜呑みにせず、自分なりに掘り下げてみてください。そこに自分がいる意味も見い出されてくるはずです。

まんが 安直楼始末記《あんちょくろうしまつき》

The True Story of KICHI

原作「眞斎藤きち傳 安直楼始末記」
シナリオ 杉本 武
漫画 荒木浩之（剣名プロダクション）
二〇一八年三月発刊

唐人お吉と蝶《ちょう》々《ちょう》夫人

「蝶々夫人（Madama Butterfly）」のポスターより

オペラはイタリアで発祥した演劇と音楽によって構成される舞台芸術（写真はイタリア・ミラノにあるスカラ座）

植民地支配はまぬがれたものの、まだ新興国だった頃の日本。

とある港町に赴任した西洋人が美しい十代の芸者を見初め、現地妻として迎える。

この港町が「下田」であれば紛れもなく『唐人お吉』の物語そのものなのだが、舞台が「長崎」…となると、そっくりそのまま『蝶々夫人』の物語になる。


イタリアオペラの代表的な作品として世界中に知られる『蝶々夫人』と『唐人お吉』の類似点について気になりはじめていたところ、たまたま書店で『「蝶々夫人」と日露戦争（萩谷由喜子=著／中央公論新社=刊）』という本が目にとまった。今年（二〇一八）二月に発刊されたばかりの本である。

『蝶々夫人』と『唐人お吉』…この二つの作品は物語の内容に類似している点が多いのもさることながら、作品が広まっていった時代背景に「戦争」が大きく影響しているという点についても、よく似ていた。

『蝶々夫人（原題マダム・バタフライ）』の原作は、アメリカの弁護士、ジョン・ルーサー・ロングによって書かれている。

ロングは、小説家、ピエール・ロティが自身の経験を基に創作し、一八八七年に発表した『お菊さん』という作品に強い影響を受けて『蝶々夫人』を着想した。その証拠に英語であれば通常「Madam」と表記するところを、『お菊さん』の原題を真似てフランス語風の「Madame」と表記し、オマージュであることがよくわかるという。

作者であるロング自身に訪日の経験はないが、実姉のサラ・ジェーン・コレルには、宣教師の夫と共に長崎に滞在していた経験がある。実姉の土産話はロングの想像力をさらにかき立てることになった。

『蝶々夫人』の物語の続きは、こうだ。

アメリカ海軍士官、ピンカートンの現地妻として迎えられた蝶々さんは武家出身の芸者である。ピンカートンの愛を信じ、彼との間に生まれた子供と一緒に、一時帰国した夫を待ち続ける。

だが、その最愛の夫は本国アメリカで正式な結婚をし、妻を連れて再来日。蝶々さんの願いは打ち砕かれる。

ロングによる原作はここまでだが、その後、劇作家、デーヴィッド・ベラスコにより舞台化され、その舞台を観たイタリアの著名な作曲家、ジャコモ・プッチーニによってオペラ化されるに至り、より悲劇性を演出するため、蝶々さんはサムライの娘らしく自害することにされてしまう。

ロングの短編小説『蝶々夫人』は、まったくのフィクションであり、特定のモデルは存在しない。まして前述の通り、原作では自害もしていない。

ところが、幕末に活躍したイギリス商人、トーマス・ブレーク・グラバーの妻ツルが「蝶」の紋付きを好んで着用し「蝶々さん」と呼ばれていたことや、後に『蝶々夫人』を当たり役とした日本人オペラ歌手、三浦環の功績を称える像がグラバー園に建てられたことなどから、物語のヒントとされたツルがそのまま『蝶々夫人』のモデルだと考えられるようになってしまった。

観光地にありがちな過剰サービスが史実を曲げてしまう…という例は、下田の『唐人お吉』だけではないというわけだ。

『蝶々夫人』を一躍有名にしたプッチーニのオペラ『蝶々夫人』は、明治三十七年（一九〇四）にミラノのスカラ座で初演されている。

時あたかも日露戦争開戦と同時期であり、初演こそ酷評されオペラ『蝶々夫人』だが、同じ年の五月に改訂版が上演されるや大成功を収め、以後、上演の輪はイタリアから欧米諸国へと広がっていく。

当時、日本の国家予算は約二億五千万円。対して日露戦争に費やした戦費は、国家予算の八倍にのぼる約二十億円だったという。

貯蓄と国債、公債によって、どうにか十二億円を国内でかき集めることはできたが、残りの八億円については、国外から調達する外債を頼りとするしかなかった。

この時、手腕を発揮したのが後に首相となり二・二六事件で暗殺されることになってしまう高橋是清である。

めざましい戦績だけでなく『蝶々夫人』によって日本に対する好意的な理解が浸透し、外債調達にひと役買ったのではないか…と『「蝶々夫人」と日露戦争』の著者は分析している。

対して、『唐人お吉』のブームは、アメリカの身勝手さを国民感情に植え付け、開戦への機運を高める役割を担ってしまった。

いずれにしても日本の悲劇を演出した作品とそのブームが「戦争」のために利用されたことに変わりはない。

そして、大正末期…。

『蝶々夫人』を超える、日本を舞台としたオペラ作品を創作するため、『唐人お吉』を担ぎ出そうとした人物がいた。

パーシー・ノーエルと山田耕《こう》筰《さく》

日本における西洋音楽の礎を築いた作曲家、山田耕筰

右前列から、山田耕筰、村松春水、そしてひときわ長身のパーシー・ノーエル（「黒船画譜」より）

山田耕筰といえは、童謡『赤とんぼ』や『ペチカ』などで幅広く知られる国民的作曲家である。

父は牧師。姉、恒（つね）は社会運動家・婦人参政権運動家として知られ、その夫はイギリス人のエドワード・ガントレットという語学者で音楽家でもあり、パイプオルガンの技師もしていた。

耕筰は十三歳の頃から、義理の兄であるガントレットから西洋音楽の手ほどきを受けたことがきっかけで音楽家となり、明治から昭和にかけて活躍。当時、日本にはまだ本格的なオーケストラもなかった時代に西洋音楽を積極的に紹介し、日本における西洋音楽発展の礎を作ったことでも大きな功績を遺している。

その山田耕筰が手がけたオペラ『黒船（当初の題名は『夜明け』）』は、日本人が初めて作曲した本格的なグランド・オペラといわれている作品である。

完成版が初上演されたのは『唐人お吉』がブームになった後の昭和十五年（一九四〇）だったので、十一谷義三郎の小説『唐人お吉』や、そこから派生した芝居をオペラ化したものだと認識されている方も多いに違いない。

実は私自身も当初はそう思い込んでいた。何よりオペラ『黒船』にも、お吉がメインキャストとして登場しているからだ。

オペラ版でのお吉は、攘夷派の恋人に命ぜられ、スパイとしてハリスに近づき暗殺を企む。恋人の役名は『唐人お吉』物語に登場する恋人役の「鶴松」ではなく「吉田」だ。しかし、ハリスの人間性に感銘を受けたお吉はすべてを告白し、吉田はもはやこれまでと腹を切る。こうして新しい時代がやって来た…というのがオペラの筋書きだ。

ところが、改めて調べてみるとオペラ『黒船』の台本は、どうやら『唐人お吉』を全国的に有名にした義三郎の小説が発刊される以前の昭和二年（一九二七）に書かれていることがわかった。しかも書いたのはアメリカ人だった。

つまり、オペラ『黒船』のベースは、義三郎の小説『唐人お吉』ではあり得ないのだ。

オペラ版お吉物語の台本を書いたのはジャーナリストとして来日していたフランス系アメリカ人…その名をパーシー・ノーエルという。

ノーエルについてインターネットを検索してみると、まずウィキペディアでは、次のように説明されていた。

エドモンド・パーシー・ノエル（Edmond (Ephraim) Percy Noël）

※ノエルの表記はウィキペディアのまま

一八八二年八月四日〜一九五八年　※没月日は不明

第一次世界大戦でフランスの従軍記者を務め、その後、アメリカ合衆国フィラデルフィア市のパブリック・レジャー紙（英語版）通信員、大阪毎日新聞社社員、フランスのヘラルドトリビューン紙（英語版）及びアントランシジャン紙（英語版）通信員を務めた米国人記者である。

その他の検索項目では、山田耕筰と関係する記述のほか、国立公文書館アジア歴史資料センターに収められている外務省情報部の交信記録にも、その名を発見することができた。

外務省情報部といえば、後に内閣情報部や陸軍省情報部、海軍省軍事普及部、内務省警保局検閲課、逓信省電務局電務課などと統一され、戦争に向けた世論形成、プロパガンダと思想取締の強化を目的に活動を行った情報局の前身である。

その交信記録を見るとノーエルは著名な外国人特派員として、日本の当局からかなり優遇されていたようだ。

太平洋戦争勃発三年前の昭和十三年（一九三八）には『戦時日本の内情を衝く』という日本視察記も著しており、アメリカにおいて日本に関する講演も行っている。

しかも、講演旅行にかかる費用を日本の外務省が補助していることを見ると、講演の内容は、かなり日本寄りだったこともうかがえる。

昭和四年（一九二九）に完成した日本最初の豪華客船「浅間丸」が処女航海する時にもノーエルはゲストとして乗船し、日本の国力を海外メディアに知らしめるため、ひと役買っていたようだ。

この時、ノーエルのゲスト乗船を国に推し、日本郵船に働きかけを行わせた人物こそ、

あの新渡戸稲造だった。

ノーエルは昭和四年（一九二九）に大阪毎日新聞を退社して「浅間丸」で帰国の途に着いているが、同じ年、ノーエルと入れ替わるようにして大阪毎日新聞の顧問に新渡戸稲造が就任している。

新渡戸とノーエルには、かなりの接点と共通する価値観があったと見て間違いない。

改めてここで強調したいのは、アメリカ人を妻に持つ新渡戸も、日本をこよなく愛したであろうノーエルも、日米が戦争に向かうことは断じて食い止めたかった…ということである。

新渡戸の著書といえば、世界中で読まれている『武士道』が有名だ。「武士道と云ふは死ぬ事と見つけたり」という文句で有名になった『葉隠』（江戸時代中期に肥前国佐賀鍋島藩士、山本常朝が武士としての心得を口述し、同藩士の田代陣基が筆録してまとめた本）と混同されてしまうことも間々あるようだが、新渡戸が『武士

道』を表したのは、アメリカ人の妻や友人たちから、日本には宗教的教育がないのに、どうやって子供たちに道徳を教えているのか？……と問われたことがきっかけだった。新渡戸は武士道や大和撫子の精神教育にその答えを見い出しペンをとった。いわば『武士道』という本は、欧米人に日本の文化や民族への理解を深めてもらうためのPR本のようなもので、そもそも原文は英語で書かれている。

一方、アメリカ人であるノーエルは日米の新時代の幕開けをオペラ『黒船』の台本に綴っている。

先の項目で、反アメリカ的な風潮をあおるような『唐人お吉』ブームを危惧した新渡戸が下田まで、その真相を確かめに行ったというエピソードを紹介した。新渡戸が『唐人お吉』を知ったのはブームになってからではなく、それよりはるか以前にノーエルから聞かされていた可能性は高い。

ノーエルが書いた台本でのお吉はハリスの人間性に感銘を受けたことになっているが、ブームとなった『唐人お吉』でのハリスは、まったくの敵扱いだ。

おそらくその頃には帰国していた友人ノーエルに代わるつもりで、新渡戸は下田まで足を運んだのではないかとも考えられる。

ノーエルの素性にもまだわからない部分は多いが、少なくとも日米外交史に、かなりの見識があり、ジャーナリストを生活の糧としながら、大好きなオペラへも情熱を燃やしていたことに間違いはない。

日本好きでオペラ好き…この二つが融合し、オペラ台本『黒船』として結実したわけだが、台本が書けるほどオペラに精通したノーエルであれば当然、国際的に高い人気を誇った『蝶々夫人』について熟知していたことは当然といえる。

日米外交史を研究していく中で、明治初期を舞台にした『蝶々夫人』より、むしろ幕末の初代領事館を舞台にした物語をオペラにすれば、あの『蝶々夫人』を越える作品を創り上げることができると考えたのではないだろうか。

ノーエルと四つ年下の山田耕筰は、日本ではなくパリで出会っているらしく、ノーエルが下田に姿を現した大正末期には、すでに旧知の仲だったようだ。

オペラ『黒船』は、耕筰がノーエルから台本を受け取ってから二年後の昭和四年（一九二九）に「序景」だけ完成したが、その後、中断してしまう。

『唐人お吉』がブームとなった昭和初期、耕筰はその「序景」をお吉の菩提寺として知られる宝福寺においてオルガン演奏で披露しているが、この時、黒船社協力の下に開催

された「唐人お吉追悼會」の施主を務めていたのがノーエルである。

作曲が再開されたのは、さらに十年後の昭和十四年（一九三九）。全曲の完成は、昭和十五年（一九四〇）まで待たなければならない。完成版は耕筰自身が翻訳した日本語によって公演された。

完成にこれほど長い時間を要したのは、大正十二年（一九二三）に起きた関東大震災による混乱や、オーケストラの運営が安定しなかったこと、また、耕筰の個人的な金銭問題など、さまざまな要因が挙げられる。

初演から十四年後の昭和二十九年（一九五四）に再演された時、オペラのタイトルは『夜明け』から『黒船』へと改題されたが、ノーエルが書いた台本の仮題は、もともと『クロフネ』だった。

再演の様子を伝えた『音楽の友（第十二巻 第八号 昭和二十九年八月一日発行）』には耕筰のインタビュー記事が掲載されているが、そこでこんな裏話を披露している。

「今度もちょうど予定した通りの欠損でした。まあ二百五十万円位の赤字で済むでしょう。どっち道人間は金をもって死ぬわけにはいかないのですから、うちでも売っ払って補填するのですよ。道のためですもの」

この時、山田耕筰、六十八歳。今なら一般的にはまだ元気な年齢だが、写真を見ると杖を片手に年齢より老齢に見える。しかも昭和二十九年（一九五四）当時といえば大学卒の初任給は五千六百円。二百五十万円というと、九千万円から一億近い額になる。金額も驚きだが、それを穴埋めできる家に住んでいたというのにも驚かされる。

それでも「道のため」、オペラ『黒船』ができあがるまでの間も耕筰とノーエルは、チャンスさえあれば二人の共作を実現させようと別の作品にも取り組んでいる。

昭和六年（一九三一）、二人が出会ったパリにおいて共通の知人である興行主を介し、ノーエルが書いた『Ayame（あやめ）』というオペラを耕筰は現地で作曲している。『Ayame』は、そのままパリで初演される運びとなったが、作品の評価以前に興行師が資金に行き詰まり、三週間の公演予定が一週間で打ち切られるという失敗に終わった。

かように本格的なオペラの舞台製作には莫大な資金が必要なのだ。

通常の芝居でさえ俳優や衣装、舞台装置などの巨額な費用が必要だが、その上、五十人編成のオーケストラを雇わなければならないのだ。本番の舞台だけでなく、練習する場所と人数を確保するだけでも相当な費用を要する。現在でもオペラの入場料が高いの

はそうした理由によるものだろう。

ところで『Ayame』という作品は、新内や歌舞伎でお馴染みの「明烏」というエピソードを下敷きにしたオペラ作品だったという。ノーエルの日本文化に対する造詣の深さがうかがえる。

「明烏」といえば、それを得意とした芸者お吉が思い起こされる。

オペラ『黒船』で、すでにお吉を書いていたノーエルにとってみれば「明烏」は研究済みの素材だったのではないだろうか。

では、はたしてアメリカ人ジャーナリスト、パーシー・ノーエルは、いかにしてお吉を知ったのだろうか…。

その答えは、下田の郷土誌『黒船』にあった。

郷土誌『黒船』を発刊した黒船社は、かつて商業写真の祖、下岡蓮杖が写真スタジオを構えていた場所にある。現在は黒船社としての出版活動は行われていないが、今でもこの場所は「黒船社」と呼ばれ、市民に親しまれている。

現在は、森一（斧水）の次男、秀樹さんが、自宅の一部を無料で開放し、黒船社当時に収集された貴重な資料などを展示なさっている。

中には斎藤きちの戸籍簿も複数年にわたって保存されており、前述した、お吉が、安吉、せんという二人の養子と共に小料理屋「安直楼」に居住していたことを示す戸籍簿も、この中にあった。

「安直楼始末記」という物語を通して真実のお吉の姿を描くことに挑戦した私にとって、物語に書いた内容が間違っていなかったことを示す証拠に巡り会うことができたのは何より大きな喜びだった。

森秀樹さんからは、ノーエルに関する記述が掲載された郷土誌『黒船』の資料をいただくことができた。

ノーエルが初めて下田の地を踏んだのは大正末期のこと。そこで出会ったのが黒船社の森斧水。そして、斧水を通じ『黒船』の同人である郷土史家の村松春水や、歌人の前田福太郎といった斧水の仲間たちと懇意になる。

当初は旅館「平野屋」を定宿としていたノーエルだが、春水のお吉研究に興味を抱くと、空き家を借り受け、そこでオペラ『黒船』の台本を執筆したというのだ。

その間には、アメリカ青年を連れて来て、平野屋で結婚式を挙げさせたこともあるようだ。ノーエルが青年の父親役を買って出、仲人役を請け負ったのは春水だったという。

また後日、例によってインターネットの古本あさりにより、昭和十三年（一九三八）に開催された「第五回黒船祭」の手製アルバムを偶然入手することができた。

群衆写真に、斧水、春水の姿があることはすぐにわかった。この中にノーエルがいるのではないかと秀樹さんにお見せしたところ「たぶん、春水の隣にいるこの人ではないか」という人物が見つかった。あいにく写真は不明瞭だが、そこには彫りの深い西洋人が写っている。

インターネットでノーエルの写真検索をしてみると、海外のサイトに小さな、おそらくはパスポートの写真ではないかと思えるものが一点見つかった。確かに「第五回黒船祭」の手製アルバムの人物と酷似している。

いまだ謎が多いノーエルという人物について、これ以上あれこれ推察を並べるより、親しく付き合いのあった斧水が書いたノーエルの人物像について原文を読んでいただく方が適切だと思える。

森斧水は『黒船』昭和六年（一九三一）九月号に、こう書き記している。

斧水は語る（三）

ノーエルさん

ノーエルさんと云ふ頗るほがらかな人間がある。

米大使バンクロフト氏がかつて下田を訪づれた時の案内役であり、當時たしかニューヨーク、イブニングポストの記者で文名も相當あつた人らしい。

バンクロフト大使が黒船社を訪問した時に筆者は初めてノーエル氏を知つた。

ずば抜けて長身で、いつもにこ〳〵として全く人のよささうな、このノーエルさんは、余り飲めない酒を時たま口にすると、

「森さん、何時洋行しますか………」

なんて自分を喜ろこばせたり恐縮させたりした。

ノーエルさんが二度目に下田に來た時には朝州と二人で大賀茂出口に新し家を見付けてこゝへノーエルさんを鎭座せしめたのだ。

それから二人でノーエルさんに會話の初歩を教はつてノーエルさんに日本語のいろはを教へたりした。

ノーエルさんは下田へホテルをこしらへるんだと云つた。武ケ濱のどこかへホテルを作つて大儲けをするんだとも云つた。

黒船屋ー黒船樓こんな名前をノーエルさんは考へた。

城山公園へノーエルさんと朝州と自分と三人遊んだ時ノーエルさんは此の公園へ一〇〇ミリオンの大資本でホテル建設を提唱して又ほがらかに笑つた。

それからノーエルさんは毎日タイプライターをたゝいてドラマ、クロフネの完成に余念がなかつた。ハリスもお吉も浪人も與力も出て來るんですよとノーエルさんはよく話した。

ある天氣のいゝ日ノーエルさんと柿崎を散歩したら、此の海でハリスとお吉がボートに乘つて遊ぶんですと云つてノーエルさんは喜ろこんでゐた。

山田耕作氏がオペラ、クロフネ製作の爲下田へ來た來ノーエルさんは狂喜してこれを迎へた。

山田氏とはパリー以來のお馴染である。大賀茂出口には約二ヵ月滞在した。

東京へ帰つて暫らくして、ノーエルさんは三度目の下田訪問を傳へた。アメリカの某大學からお吉の寶福寺にある古燈籠を買求めて送る様たのまれたのであつた。

燈籠を見て、これがアメリカへ行くんですと云つてノーエルさんは大喜びであつた。

ノーエルさんはフランス系のアメリカ人であつた。

その爲か、世界でフランスが一番好きだと云つてゐた。そしてその次には日本が好きだと云つた。

だから下田に居る間何時も和服で日本食で、日本の小供等によく親しんだ。

愈々三度目に下田から帰る時ノーエルさんと朝州と三人で吉佐美の海岸を歩いた。

「イ、〱　ですねー、〱」をノーエルさんは連發した。

「こゝに永久に住みたいです……」

と、何時もの御愛嬌を振りまき乍らガクリ〱とあの並外れて大きい靴跡を吉佐美の海岸に殘して行つた。

今も黒船社 社屋跡から 下田の人通りを見つめ続けている森 斧水（黒船社にて）

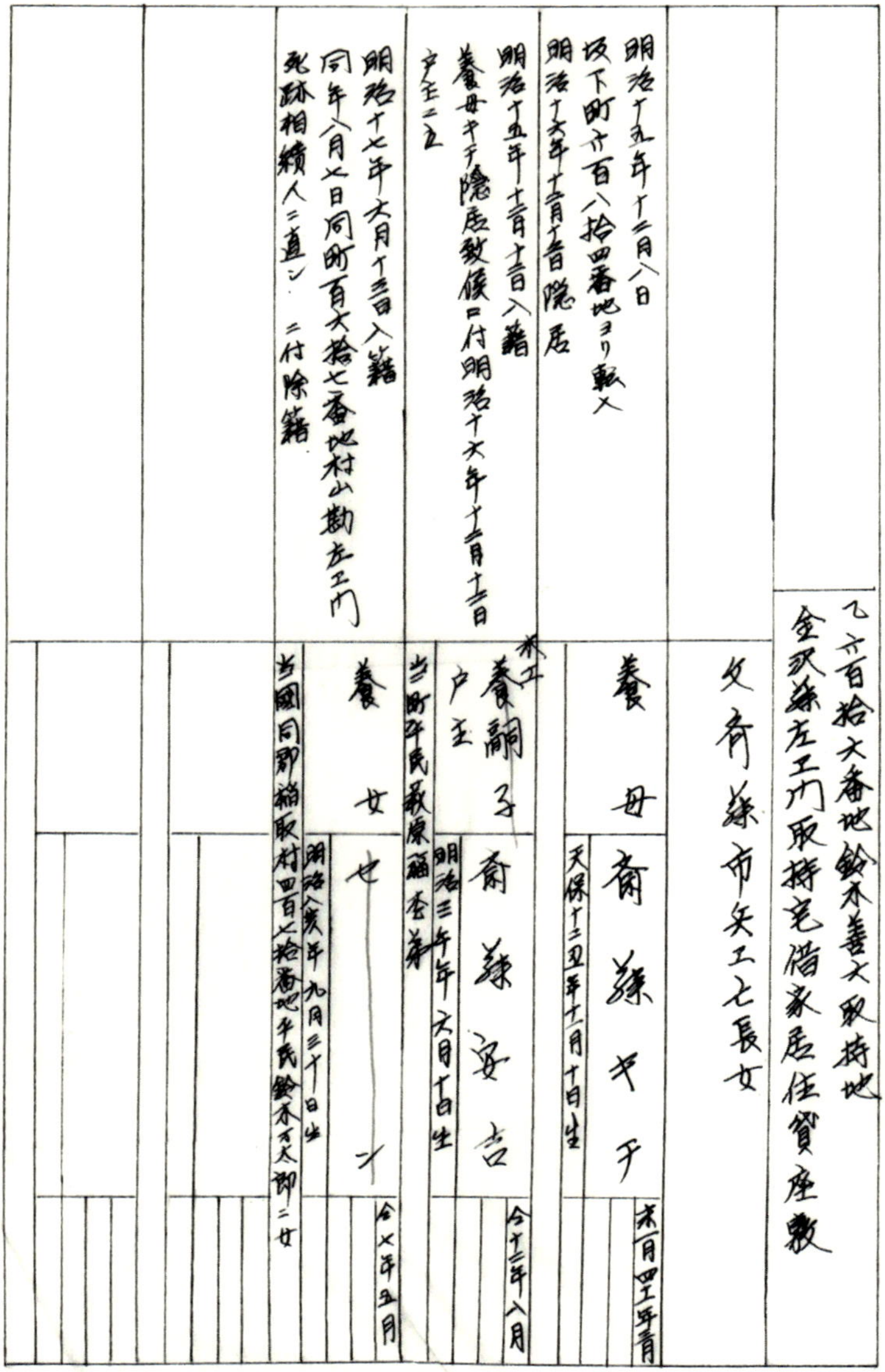
乙六百拾六番地鈴木善六取持地
金沢藤左エ門取持宅借家居住貸座敷

父 斉藤市兵エ七長女
養母 斉藤キチ
天保十二丑年十二月十日生
明治十五年十二月八日
坂下町六百八拾四番地ヨリ転入
明治十六年十二月十一日隠居

戸主
養嗣子 斉藤安吉
当町平民荻原福蔵弟
明治三年六月十一日生
今十二年八月
明治十五年十二月十一日入籍
養母キチ隠居致候ニ付明治十六年十二月十一日
戸主ニ立

養女 せん
当国同郡稲荷村四百七拾番地平民鈴木才太郎二女
明治八亥年九月三十日生
今七年五月
明治十七年六月十三日入籍
同年八月七日同町百六拾七番地村山勘左エ門
死跡相続人ニ直シ ニ付除籍

斎藤きちが貸座敷（安直楼）で、養子 養女と３人で暮らしていたことを示す戸籍簿
養子の「安吉」には斎藤家を継がせ、養女の「せん」には、きちの養母だった村山家を継がせるため、斎藤家から籍を抜いていることもわかる（黒船社 蔵）

バンクロフト大使と黒船祭

「黒船祭」のきっかけを作った駐日大使エドガー・バンクロフト

玉泉寺での「ハリス記念碑 除幕式」 中央のシルクハット姿は子爵 渋沢栄一（「黒船画譜」より）

下田では毎年五月に「黒船祭」が開催されている。

ペリー来航を記念した大イベントで、玉泉寺に眠るペリー艦隊乗組員墓前で行われる読経供養が三日間にわたる「黒船祭」のスタートとなる。アメリカとの友好と国際親善を願い、駐日アメリカ大使やアメリカ海兵隊などが訪れ、盛大なパレードが繰り広げられている。町は白い水兵姿にあふれ、日本にいることを忘れてしまいそうになる。


そもそも、この「黒船祭」が行われるきっかけとなったのは、ハリスから数えてちょうど二十人目となるエドガー・バンクロフト大使が、駐日アメリカ合衆国大使として初めて開国の町、下田を正式訪問したことにある。バンクロフトの兄は歴史家で、親族にはジョージ・ワシントンの伝記を書いた作家もいる。バンクロフト自身も歴史に造詣が深かったことだろう。

『ペリーと黒船祭〜日米文化外交史（佐伯千鶴＝著／春風社＝刊）』によると、オペラ『黒船』執筆のために下田を訪れたパーシー・ノーエルが、当時、町役場の助役をしていた森一（斧水）と知り合い、交友を深めていく中で、バンクロフト大使を下田に呼ぶことを提案したとある。

この時、下田町役場の面々は「こんな辺鄙（へんぴ）なところにアメリカ大使が来るわけはない」と一笑したらしいが、ノーエルが本当に大使を連れて来ることになると、大慌てで準備を整え、町を挙げて歓迎することになったというエピソードも紹介されている。

前項で紹介した、郷土誌『黒船』に掲載された森斧水自身の記述では、ノーエルがバンクロフト大使の案内役として黒船社を訪れた時が初対面とされているので、事実関係に多少食い違いはあるが、ノーエルが下田にバンクロフト大使を連れて来たということに間違いはなさそうだ。

大正十三年（一九二四）十一月、駐日大使に信任されたバンクロフトは、翌年の四月十六日、海軍省が差し向けた駆逐艦「夕凪」で下田を訪れた。

正午過ぎに投錨し、歓迎会の後、初のアメリカ領事館となった玉泉寺を訪れたのは、午後五時頃。まず最初にペリー艦隊乗組員の五基の墓前で読経供養が行われた。まさに元祖「黒船祭」といえる。

それから十年後の昭和九年（一九三四）、ペリー来航八十年の節目を迎えた下田で、本格的にはじまったのが今に続く「黒船祭」である。

バンクロフト大使は下田訪問の後、実業家、渋沢栄一に玉泉寺の改修と記念碑の建設を相談し、現在、境内にそびえるハリス記念碑が建立される運びとなった。

ハリス記念碑の除幕式が行われたのは、バンクロフト大使が玉泉寺を訪れてから三年後の昭和二年（一九二七）十月一日。

秋晴れの式典には、子爵渋沢栄一のほか、当時の駐日アメリカ大使チャールズ・マクヴィーらも列席したが、残念ながらそこに前任大使であるバンクロフトの姿はなかった。

エドガー・バンクロフトは、大正十四年（一九二五）七月二十七日、病気のため、静養先の軽井沢で急逝していたのだ。六十七歳だった。

そして、バンクロフトが静養していた別荘の持ち主は新渡戸稲造である。ここでまた、ノーエルと新渡戸の密接な関係が浮き彫りになってくる。

大正末期から昭和のはじめにかけて繰り返し下田を訪れ、下田の景色と人々を愛したアメリカ人ジャーナリスト、パーシー・ノーエル。

このたった一人のアメリカ人が下田を訪ねて来なければ…、また下田の先人たちが、彼を温かく受け入れていなければ…、バンクロフト大使も、山田耕筰も、新渡戸稲造も、渋沢栄一も、開国の町…下田に思いを馳せることはなかったに違いない。

あるいは「黒船祭」もなかったかもしれない。


ところが残念なことに、今その下田にはノーエルの名前すら知る者はいない。

今回この本を書くにあたり、ノーエルについて下田で聞き込みを行ったが、ノーエルの名前を知っていたのは黒船社の森秀樹さんだけだった。

森さんから、父斧水の盟友で歌人の前田福太郎が記したというノーエルに関する文章のコピーをいただいた。その一説にノーエルから斧水に送られた手紙が紹介されている。


黒船社の皆さんはお変わりありませんか。何かおたより下さい。私の息子も日本語を専攻しておりますから、手紙は日本語で結構です。

エドモンド・パーシー・ノーエル

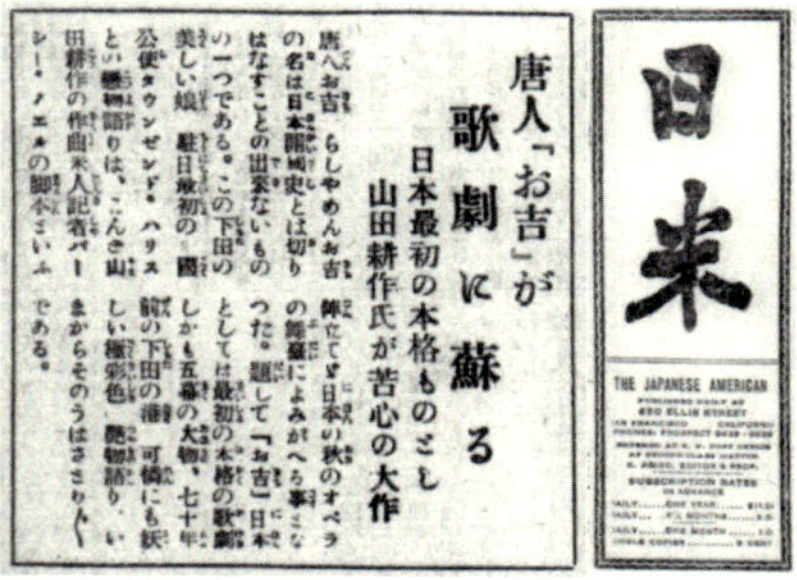

日米

THE JAPANESE AMERICAN

唐人「お吉」が歌劇に蘇る

日本最初の本格ものとし山田耕作氏が苦心の大作

唐人お吉　もしやめんお吉　伴たてゞ日本の秋のオペラの名は日本開國史とは切りの舞臺によみがへる事になはなすことの出來ないものつた。題して「お吉」日本の一つである。この下田のとしては最初の本格の歌劇美しい娘　駐日最初の國しかも五幕の大物、七十年公使タウンゼンド・ハリス前の下田の港　可憐にも妖との戀物語りは、こんど山しい極彩色　艶物語り、い田耕作の作曲米人記者パーまからそのうはさもちくシー・ノエルの脚本といふである。

在米邦人向け新聞「日米新聞」に掲載された記事
（1929/7/24）

「第五回 黒船祭」（1938）

自ら施主を務めた「唐人お吉追悼會」で
山田耕筰が演奏するオルガンを聴くノーエル

唐人お吉のハリウッド進出

山本有三の戯曲「唐人お吉」は英語版も発刊されている

ハリウッド映画「黒船」の日本ロケをレポートする雑誌「スクリーン」(1958)

海外で人気を博し、日本に入ってきた『蝶々夫人』とは反対に、日本で人気を博した『唐人お吉』は海外にも紹介されている。

パーシー・ノーエルは自らお吉が登場するオペラ『黒船』を書いたが、十一谷義三郎にも直接交渉し、小説『唐人お吉』の英訳版を出すよう勧めていた。

この企画については義三郎が二冊目のお吉本である『時の敗者唐人お吉』のまえがきにノーエルから英語版の打ち合わせ依頼が来ていると書いている。

東京帝国大学英文学科を卒業し、翻訳家としても活躍した義三郎は『英文學の知識(非凡閣=刊／昭和九年・一九三四)』という本まで書くほど英語に長けていた。書こうと思えば本人自ら英語版『唐人お吉』を書けただろう。

結局、小説『唐人お吉』英訳版の企画は義三郎の多忙や体調不良、あるいは義三郎と春水の仲違いによって頓挫してしまったようだが、その後、別の作家による『唐人お吉』の戯曲が英訳されている。

昭和十年(一九三五)六月に発刊された『Three Plays(北星堂書店=刊)』という英文の戯曲集には、タイトル通り三本の戯曲が収録されているが、そのうちの一作が

『The Story of CHINK OKICHI』＝『唐人お吉』である。CHINK＝チンクとは、東洋人を表す英語の侮蔑語である。

戯曲を書いたのは『路傍の石』で知られる小説家、劇作家で、政治家にもなった山本有三。翻訳者はグレン・W・モスト。

パーシー・ノーエルが関わったという記録には達していないが、この本が出版された経緯をさらに掘り下げていけば、ノーエルの名が登場して来るかもしれない。

こうしてお吉物語は海外へも発信されるようになったわけだが、戦後になってまた新たな展開を見せることになる。


第二次世界大戦終結から六年後の昭和二十六年（一九五一）、吉田茂首相がサンフランシスコ講和条約に調印し、日本はようやく連合国からの占領を解かれ主権を回復した。それから数年を経て、ハリウッドではちょっとした日本ブームが起きていたようだ。

まず、昭和三十一年（一九五六）、MGM映画では、後に『ゴッドファーザー』で映画史に名を刻むことになる名優マーロン・ブランド主演の『八月十五夜の茶屋』を製作。日本人俳優では京マチ子、清川虹子らが共演している。

また翌年の昭和三十二年（一九五七）にも同じくマーロン・ブランドを主演に今度はワーナー映画が、ブランド扮するアメリカの少佐を主人公に、日本女性との恋を描いたラブストーリー『サヨナラ』を製作した。

二十世紀フォックスはマーロン・ブランドに対抗するため、大物俳優を起用し、日本を舞台とした映画を昭和三十三年（一九五八）に製作することになる。

主演はミスター・アメリカと言われた『駅馬車』のジョン・ウェイン。監督は脚本家、俳優としても知られるジョン・ヒューストン。製作開始時に紹介されていた作品名は『タウンゼント・ハリス物語』だった。

ジョン・ウェイン演じるハリスはもちろん英雄的に描かれ、新興国日本を国際社会に導くための勇気と努力を惜しまないその姿を賛美した内容となっている。

昭和三十四年（一九五九）、日本で公開となった時のタイトルは『黒船』だが、原題は『黒船』でも『タウンゼント・ハリス物語』でもなく『The Barbarian and the Geisha』。直訳すれば『野蛮人と芸者』ということになる。

海外に紹介されたお吉物語の根底にあるのは、新興国への哀れみであり、『蝶々夫人』の時代とさしたる変わりはないように思える。

映画に登場したお吉は、当初スパイ的な役割を担っていたが、やがてハリスの心に打たれる…という展開で、ノーエルが書いたオペラ『黒船』の内容に極めて酷似している。だが、映画にパーシー・ノーエルの名前は一切クレジットされていない。

ノーエルは、この映画が製作された一九五八年に、七十六年の生涯を閉じている。たとえ作者が亡くなっていても著作権というものは存在する。

だが当時の著作権法について調べてみると、アメリカ合衆国においては著作権発生の要件として登録を必要としており、著作権の対象であることを明示しなくてはいけないシステムになっていた。つまり、登録していなければ著作権はないのだ。

アメリカで「著作権は作品の完成時に有する」という考え方の法律に変わったのは、奇しくもノーエルが亡くなった翌年の一九八九年からである。

映画『黒船』撮影時、お吉の菩提寺である下田、宝福寺へ主役のジョン・ウェインがお吉の墓参りに訪れたというが、日本ロケの様子を伝える当時の映画雑誌『スクリーン昭和三十三年（一九五八）一月号／近代映画社＝刊』によると、実際に撮影が行われた

のは下田ではなく伊東の川奈だった。その頃の下田は、すでに沿岸が整備され、映画のイメージに合わなかったのだ。

撮影時の川奈は、まだ伊豆急行も開通しておらず、田舎町にポツンと川奈ホテルだけが建つ部落のようなものに過ぎなかった。その風情と大スターが宿泊する施設を兼ね備えた川奈がロケ地として最適だったというわけだ。

伊豆を舞台とした映画では『伊豆の踊子』が繰り返し製作されており、下田の波止場には「別れの波止場」という案内板も出ているが、映画のロケとなると、下田ではなく稲取辺りで行われるのが常のようだ。

映画『黒船』のお吉役には、当初、岸恵子や月丘夢路などの名も上がったようだが、クランクインに至っても最終決定には至らなかった。

結局、お吉役を射止めたのは、歌手でダンサーの安藤永子という無名の女性である。二十世紀フォックスの東京事務所で働いていた友人に推薦されてのことだったようだ。

ヒューストン監督は、お吉が長身だったことを知ってか…、いや、おそらくはジョン・ウェインとのバランスを考え、背の高い女優を探していた。その結果、一メートル

七十センチあった安藤永子が採用された。

ハリスの相手役を探す条件については、下田奉行所と同じだったように思える。

物語というものは、その時の時勢によって、大きく変容していくものである。斎藤きちのエピソードは単なるモチーフに過ぎず、商業の世界で作られる物語は決して史実を掘り下げようとはしていない。むしろ、無視していると言っていい。

しかし、歴史を伝えようとする時、ドラマ化するのは最も有効な手段である。多くの人たちが覚えている歴史は、教科書の内容ではなく、小説や漫画で読んだ偉人伝であり、たいていは大河ドラマによってである。

歴史ドラマは歴史研究書の代わりをすることはできない。ドラマが伝えているものは史実ではなく、そこに生きた人間のスピリッツを誇張したものだ…ということを前提として観るべきだと考える。

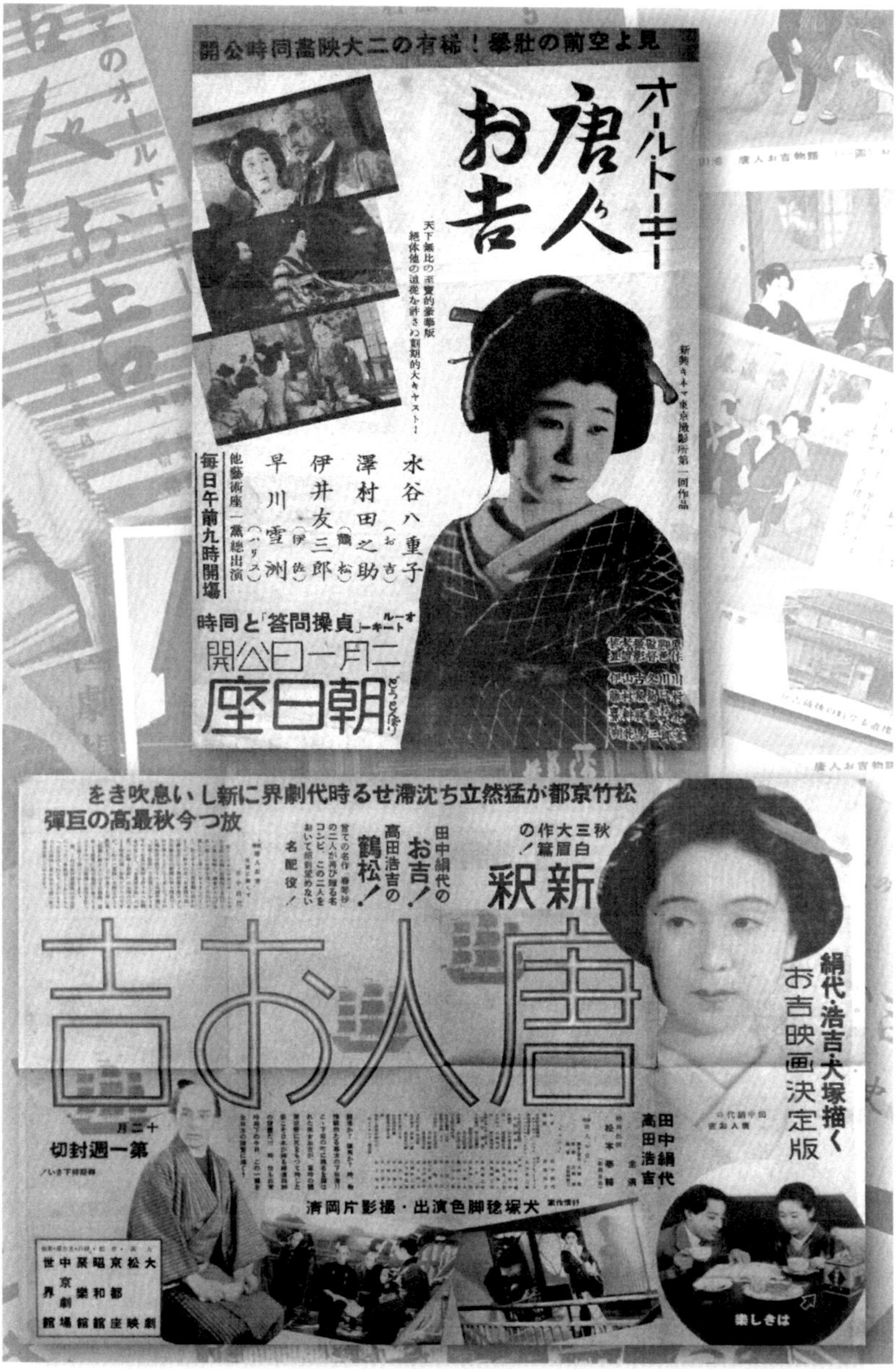
見よ空前の壮挙！稀有の二大映畫同時公開
オールトーキー
唐人お吉
新興キネマ東京撮影所第一回作品
水谷八重子（お吉）
澤村田之助（鶴松）
伊井友三郎（伊佐）
早川雪洲（ハリス）
他藝術座一黨總出演
毎日午前九時開場
オールトーキー「貞操問答」と同時
二月一日公開
朝日座
松竹京都が猛然立ち沈滞せる時代劇界に新しい息吹きを
放つ今秋最高の巨弾
新釈
田中絹代のお吉！
高田浩吉の鶴松！
唐人お吉
絹代・浩吉・犬塚描く
お吉映画決定版
田中絹代
高田浩吉
主演
十二月
第一週封切
犬塚稔脚色演出・撮影片岡清
楽しきは

唐人お吉と日本初のグラビアアイドル

1880 年代に撮影された 外国人向け土産の彩色写真（横濱写真）
「Officer's Daughter（士官の娘）」というタイトルが付いている

これまで『唐人お吉』という物語が、どのように発祥し、いかに展開してきたかということを解説してきた。

それにつけても一般的に興味の対象となるのは「お吉写真」だろう。

『唐人お吉』をネットで検索すると「十九歳のお吉」なる写真が無数に表示されて来る。だが、この写真は残念ながら斎藤きちではなく、明らかに間違いである。

「十九歳のお吉」写真以前にも、幾多の「お吉写真」なるものが紹介されてきた。最も古い写真は戦前の絵葉書などによく使われていたもので、お吉の養子だった笹本安吉、村山せんが証明したと印刷されている封筒に入れて販売されていたことがあり、本物だと信じられていた。だが、後にこの写真はお吉によく似た人気芸者の写真であることがわかった。安吉やせんは、半ば強制的に証明させられたとも伝えられている。

昭和十五年（一九四〇）になると「全身のお吉写真」が東京新聞に発表された。

アメリカ人作家オリバー・スタットラー（一九一五〜二〇〇二）による小説『下田物

語』には、この写真の顔の部分だけが掲載されている。

「全身のお吉写真」は下岡蓮杖撮影と裏書きされて流通していたが、原版がわからない上、山田耕筰によるオペラ『黒船』完成版が公演された年にもあたり、宣伝のための話題作りだったとも考えられる。また、肝心の顔が今ひとつ不鮮明で少なくとも観光客の人気は薄かったようだ。

「第二の黒船」と言われた伊豆急行が、伊東〜伊豆急下田間に開通した昭和三十六年(一九六一)頃になると「四十二歳　安直楼時代のお吉」なる写真が紹介されはじめたが出所は不明だ。写真にはビール瓶らしきものが写っているが、国産の瓶ビールが発売されたのは明治二十一年(一八八八)以降で、お吉が安直楼を営んでいた明治十五〜十七年(一八八二〜一八八四)には、まだなかったはずである。あるいはワインの瓶かもしれないが、いずれにしても確証に欠けている。

同じ時期「ハッピ姿のお吉像」が登場し、著名なジャーナリストとして知られる大宅壮一も、著書『明治の開幕』にこの写真をお吉として掲載したが、下田を訪れた女旅芸

人の写真であることが指摘され、後にそれを認めている。

「十九歳のお吉」なる写真は、昭和五十五年（一九八〇）頃から使われはじめている。安政六年（一八五九）に、下岡蓮杖の弟子が撮影したものと説明されているが、そもそも蓮杖が苦労の末、写真術をモノにするのは文久年間（一八六二〜）に入ってからのことで、安政六年に写真術を教えられるはずはない。師匠の蓮杖ですら写真機を持っていなかった時代に弟子が撮影したという説明には、どう考えても無理がある。

「十九歳のお吉」の基となった写真が、明治時代、横浜のファルサーリ商会が販売していた外国人向けの土産用彩色写真、いわゆる「横濱写真」の中の一枚であることは、今やインターネットをさらに検索していけば誰にでもわかる。

本来の写真タイトルは「士官の娘（Officer's Daughter）」という。明治十三年（一八八〇年）頃、撮影されたものと考えられている。

ファルサーリ商会経営者のイタリア人、アドルフォ・ファルサーリも写真家ではあったが、「士官の娘」の原版は、彼が買収した写真スタジオに残されていたもので、ファルサーリは、スタジオごと買い取った写真原版を使って彩色写真を作り、土産用として販売していた。

「士官の娘」の撮影者は明確になっていないが、同じモデルを使った別カットの写真をスタジオの前所有者でオーストリア人写真家、ライムント・フォン・シュティルフリートが多数撮影していることから、「士官の娘」もシュティルフリートによって撮影された可能性は高い。

そのシュティルフリートが師事し、ファルサーリが買い取った写真スタジオを建てたフェリーチェ・ベアトは、日本で活躍した外国人カメラマンの草分け的存在として知られている。歴史の教科書などにもよく掲載されている「生麦事件の現場」写真はベアトの撮影によるものである。

ところで「士官の娘」のモデルは、ハーフであることも古くから指摘されている。

明治の中頃、東京帝国大学の講師として日本に招かれた、医師で人類学者のカール・ハインリヒ・シュトラッツは、著書『生活と芸術にあらわれた日本人のからだ』に「士官の娘」を掲載し、その骨格的な特長からイタリア人と日本人のハーフだと説明している。

また、明治時代に発刊された外国人向けの日本ガイドブックにも「士官の娘」が掲載されており、そこではイタリア人ではなく、イギリス人と日本人のハーフだと紹介され、日本の風俗についての説明に使われているのだ。

はたして、彼女はイタリア人とイギリス人、どちらのハーフなのか？

そして、いったい誰の「娘」なのだろうか？

そこで思い当たるのは…ベアトである。

ベアトは、イギリス人として日本へ入国しているが、生まれはヴェネツィアである。幼少の頃、家族と共に英国の保護国だったギリシャのケルキラ島に移住したため、イギリス国籍を取得したものと考えられている。まさに、イタリア人の血を持つ、イギリス

人…それがベアトなのだ。

ベアトは、もともと従軍カメラマンでもあった。軍隊式に士官と呼ばれていたかどうか定かではないが「士官の娘」というタイトルとも関係はありそうだ。

ベアトは生涯独身を通したが、二十一年もの間、横浜で暮らしていた。

その間、女性との関係があったとしても何ら不思議はないが、確実にそれを裏付ける証拠も、確固として否定する証拠も発見されていない現在、この話はまさに歴史ロマンだといえる。

さらに想像を膨らませてみる…

ベアトは写真スタジオを弟子のシュティルフリートに譲るにあたり、専属モデルとして自分の娘を雇うことを条件にしたのではないだろうか。

そうして稼ぎ口を作ってやることが、一緒に暮らせない父親として、娘にしてやれる唯一の親心だったのでは…。

ベアトの娘でなくても「士官の娘」のモデルには、ほかにも様々な写真があり、明治

のはじめに売れっ子モデルだったことは間違いない。

純粋な日本人娘より少し西洋人めいたその顔立ちは、日本を訪れた当時の外国人にも受け入れやすかったのではないかということも考えられる。

そういう意味で彼女は「日本初のグラビアアイドル」だと言っても過言ではない。少なくとも「十九歳のお吉」では、あり得ないのだ。


真相がはっきりしないことに関して、あれやこれやと想像を膨らませるのはロマンだが、明らかに真相がわかっているのに、史実と異なる説明を続けていれば、ねつ造だと言われても仕方がないだろう。


ただ、これまで下田を中心に紹介されてきた「お吉写真」が、悪意や儲け主義だけによって行われたねつ造であるとは思いたくない。

お吉の本当の姿を見たいという観光客に対するサービス精神が、やや過剰に作用して、充分な検証もせず、安易に、あるいは勘違いのまま披露された結果ではないかと考える。

下田に限らず、日本中の観光地にこうしたものは数え切れないほど存在している。

ところが一般の人々が世界中の情報をすぐさま検索できるコンピュータを持ち歩く時代になると、安易に作られたお吉像はかえって下田のイメージを損なうものになってしまいかねないと懸念する声も少なくない。

近年、インターネット上のフリー百科事典ウィキペディアのお吉写真に関する項目が大幅に書き直されていた。内容は前述した説明とほぼ同じだが、不明の書き手によるもので、著者は直接関与していない。

ただし、幕末お吉研究会のホームページにおいて、二〇一三年四月に「十九歳のお吉」写真についてのレポートを公表している。

そもそも「お吉写真」というもの自体、存在していたのか？

斎藤きちは写真を撮られたことがあったのだろうか？

ありし日の
唐人お吉寫眞
下田開國記念館

お吉写真の謎

下田で写真館を開業した下岡蓮杖の弟子　初代 船田万太夫

お吉研究家の村松春水は著書の中で、お吉が書いた手紙と本人の写真を手にとって見たことがあると書いている。その後、その手紙も写真も行方不明となり、著書の中で発表することはできなかったとしている。

前述した通り、春水が下田に移住したのはお吉が没してから六年後のことだ。移住したのは没後であるが、同じ時代を数年間は生きているので、あるいは移住前にお吉と直接会っている可能性もないわけではないが、お吉の写真を欲している様子、顔を見てみたいという記述を見る限り、やはり直接会ったことはなかったと断言していいだろう。

はたしてその時、春水が見たというお吉の写真が本物だったかどうか…?

そこまで疑っていくとキリがない。ただ、お吉を世に出した春水がまだ研究中だった頃の話である。お吉が広く世間に知れ渡る以前のことだと考えると「あの有名な唐人お吉の写真を持っている」という話は何の自慢にもならない。つまり、わざわざ嘘をつく必要はないはずだ。

春水が晩年、お吉の写真を所持したと書き残した文章もあるが、肝心の写真がどこにあるのかはわからず終いである。

「お吉写真」について、あれこれホームページに書いていたところ、下田在住の方から有力な情報が寄せられた。

下田で発掘されたという、これまで公になっていない「お吉写真」の情報である。

撮影者は、船田万太郎、後に改め万太夫（まんだゆう）。下岡蓮杖の弟子である。蓮杖が横濱の店を閉じて一時、下田へ帰省していた頃、万太夫が蓮杖から直々に写真術を習得したことはわかっている。

万太郎は、明治四年（一八七一）に下田で写真館を開業する。船田家は屋号を「阿波屋（あわや）」と称し、その後三代にわたって写真館兼旅館を営んだが、現在は廃業し、跡地は下田商工会議所前の有料駐車場になっている。

阿波屋解体の際に持ち出されていた数多い写真原版の中から見つかったのがこれまで公になっていない「お吉写真」だという。

写し出されている床の文様や調度品などから、万太夫の写真場で撮影されたことは間違いない。包み紙には「お吉写真」と明記されており、中には二枚の写真原版があり、それぞれ別の女性が写されていた。

原版は湿式硬板アンブロタイプという技法を用いたもので、明治前半期に撮影されたものであることも専門家によって確認されている。

明治も後半期になると、湿式に比べてはるかに取扱いが容易な乾式が普及し、それに伴って撮影料もいっきに下がるが、それでも一枚あたり五千円から一万円はしたという。

湿式の頃となると、撮影料はその十倍近く、少なくとも六万から八万。単純に貨幣価値の比較ではなく、当時の生活レベルから推定すれば数十万の価値があったとも考えられ、いずれにしても庶民が気軽に撮影できるものでは到底なかった。

それほど高価な写真撮影を政府の要人でもない一般庶民が行うには、よほどの動機が必要である。

では、そこまでして写真を撮影した動機は何だろう…？

まず考えられるのは「商売」である。

宣伝が目的であれば、大枚をはたいても回収できる可能性は充分にあるだろう。

さて、ここからは仮説である。

時は、明治四年（一八七一）…。

蓮杖師匠に続けと、下田に写真館を開いた万太夫であったが、片田舎の港町では写真を撮影しようという客は、なかなか現れない。

そこで万太夫は、写真の素晴らしさ、宣伝力を人々に伝えるため、店先に写真の見本を飾ることを思いつく。横濱で写真館を開きいて大成功した経験を持つ、蓮杖の助言があったかもしれない。

どうせ店先に飾るなら、無骨な男性より、女性の方が見栄えはいい。

明治に入るとさすがに庶民の間でも「写真を撮ると魂をとられる」などと恐れる者はいなくなっていたが、花魁や芸者でもないのに女性が注目を浴びるようなことをするのは、まだ恥ずかしいことだと考えられていた時代である。モデルの引き受け手は簡単には見つからなかっただろう。

そんな中、二つ返事でモデルになることを承知してくれたのは、元芸者で、外国人の元へ奉公した経験もある…お吉だったというわけだ。

お吉は、明治元年（一八六八）に横濱で幼馴染みの鶴松と再会し所帯を持ったが、明

治四年（一八七一）のこの年、ちょうど下田に戻って来ている。

横濱の外国人居留地ではショーウインドウも見ていただろう。万太夫が写真館の店先でやろうとしていることについて理解も早かったに違いない。

横濱で流行の「唐人髷」を習って帰郷したお吉は、下田で髪結い店を開業しようとしていた。「唐人髷」の写真を飾れば、店の宣伝になると万太夫に口説かれた。

…のではないだろうか。


「お吉写真」と書かれた紙には二枚の異なる女性の写真が包まれていた。二人の女性は、いずれも「唐人髷」を結っている。

もし、この写真のどちらかが本当にお吉のものだとすれば、はたして二枚のうち、どちらがお吉なのだろうか…？


お吉の出生日は、戸籍簿によって天保十二年十一月十日（一八四一年十二月二十二日）だと判明している。

仮説通り、明治四年（一八七一）に写真を撮っていたとすれば、年齢は三十歳くらい。

お吉は男勝りの長身だったという話が数多く残されている。男性の平均身長が一五五センチ程度だった時代にあって、大女であったことが、身長一八〇センチもあったというハリスの看護婦に抜擢されたひとつの要因とも考えられ、お吉と一緒に玉泉寺へ奉公したお福も、また大柄だったという話も残っている。

そう考えると、二枚の写真のうち、立ち姿の女性はそこまでの長身には見えないし、三十よりは、はるかに若くも見える。

対して座って写る女性は三十くらいと考えても違和感はない上、それなりに背丈があり、あるいはそれを隠すために、あえて座って撮影しているように見えなくもない。

加えて注目すべきは、この女性の右の小指である。

ハサミを握っているだけで、小指に特別な力は加わっていないはずなのに、不自然に外側に向かって反っている。

これは、ひょっとすると過酷な三味線修行によって変形してしまった跡ではないのか。

さらに、下田の足軽頭だった時代にお吉と面識があり、元画家で後に写真師となった下岡蓮杖が描いた「お吉の肖像」と、この座っている女性の目元、口元あたりは、よく似ているようにも見える。

一方、この写真について古写真専門家によれば、ここに写されている調度品から考察すると、撮影されたのは、もっと後の時代の写真ではないかという見解もある。湿式硬板アンブロタイプも場所によっては明治二十年代まで使われており、この技法を使っているからといって直ちに明治初期に撮影されたものだとも断定できないという。

そして、もうひとつ。

この写真は、やはりお吉ブームの頃にお吉のイメージで撮影されたものではないかという見方もないではない。

お吉ブームの頃というと昭和に入ってからになるので、湿式硬板アンブロタイプでの撮影は逆に難しいが、お吉がブームになった後、湿式時代の古い写真の中から適当なものが選ばれたという可能性も否定できない。

だが、もしそうだとすれば、あれだけの全国的なブームを経て、これまでこの写真が世に出回らなかったことに対する説明がつかないようにも思う。

お吉ファンとしては何とかして「これがお吉だ」と思いたいのが人情だが、それは研究者の姿勢ではない。さらに検証を重ねる必要はあるだろう。

そもそも『唐人お吉』のことなど、ほとんど何も知らなかった一観光客だった著者が、お吉に興味を抱いたのは「十九歳のお吉」写真を初めて目にした時「こんな少女が可哀想に」と思ったのがきっかけだった。

そういう意味では「十九歳のお吉」写真も、時代と共に忘れ去られつつあり、誰もその先を探ろうとしなかった真実のお吉像を追求する糸口として、ひと役買ったと言っていい。

はたして、ここに掲載したお吉写真が、かつて春水が見たという写真と同じものであるかどうかは、今のところわからない。

ただ現時点では、これが間違いなくお吉の写真だという決定的な証拠もない代わりに、一〇〇%否定する要因もないというのが現状である。

なお、ここで紹介する写真は、当研究会の趣旨にご賛同いただいた所有者が、特別に掲載を許可してくださったものである。

本書は著作物である故、常識的に無断複製、転載等はご遠慮いただきたいが、とくにこの写真については検証中ということもあり、また、これまでのお吉写真のように史実を離れて、ひとり歩きすることがないよう取扱いは充分慎重にしたい。

原版所有者の意向により、マスメディアはもとより、営利を目的としない個人のインターネットでの配信を含み、複製、配信は厳禁となっているので、ご配慮いただきたい。

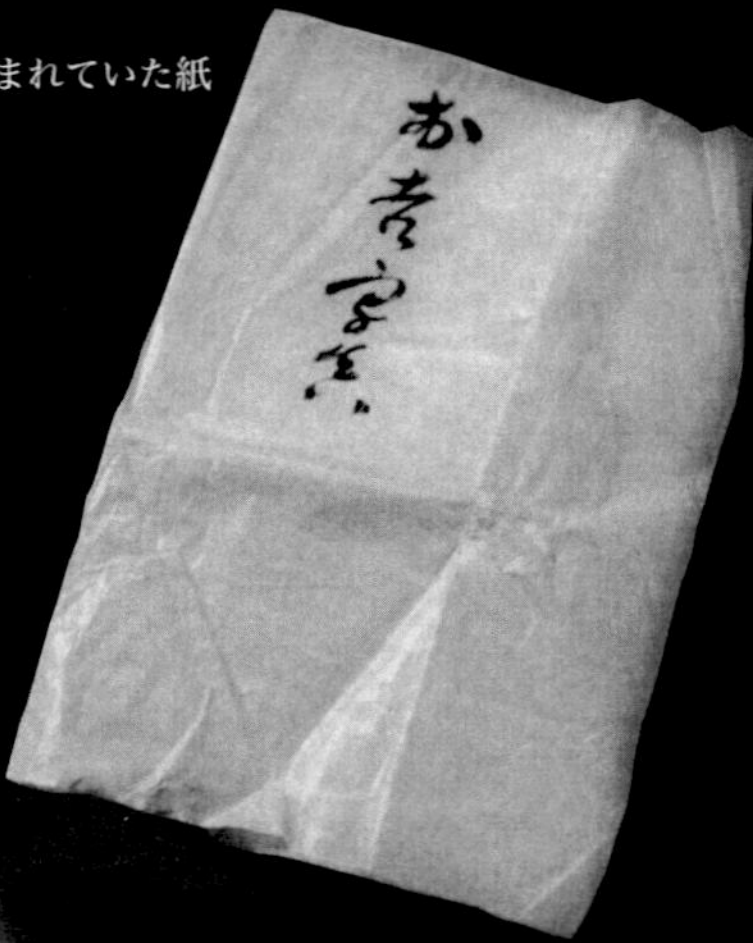

原版が包まれていた紙

湿式硬板アンブロタイプの原版

絵師でもあった下岡蓮杖が描いたといわれる「お吉像」
原画は現在、所在不明となっている

お吉さん？
無断複製禁止

かなり長めのあとがき

「傾城塚」のウグイス

観光地で出会った『唐人お吉』に対する、ほんの小さな疑問から、お吉を題材とした本を何冊も書くことになろうとは、まったく思いも寄らなかった。

まずは、下田在住のさまざまな方からお力添えをいただいたことに深く感謝したい。そして、斎藤きちをはじめ玉泉寺時代の盟友、西山助蔵、村山瀧蔵や下岡蓮杖。歴史の教科書でしか名前を知らなかったペリーやハリス、ヒュースケン。これまで下田を盛り上げてきた先人の森斧水、村松春水、十一谷義三郎、そしてパーシー・ノーエルについて知ることができ、まるで友人のように親しく感じられることを幸せに思う。

当初はインターネットを介してお吉に関係する古い書籍を集めるだけで、その関連性について、つかめないままでいたが、高馬の「傾城塚」というお吉終焉の地に出会った頃から不思議とすべての疑問がスーッと解け出し、点が一本の線を成したように思う。

話の発端は少年時代ハリスに仕え、玉泉寺で何度もお吉に会っている西山助蔵だった。約十五年間、米国大使のコンシェルジュを務め、三十歳近くなって、ようやく下田へ帰郷した助蔵は、村人とコミュニケーションをはかる手段として、珍しい異人との生活ぶりを話し聞かせるが、やがて話は大げさになり「助蔵ばなし」と揶揄されたりもした。眼科医から郷土史家となった村松春水は、助蔵の話を正すために本格的なお吉研究を開始。「助蔵ばなし」と共に「傾城塚」も完全に否定され、歴史に埋もれた存在となってしまった。

その春水も十一谷義三郎の小説『唐人お吉』が大ヒットすると、義三郎が創り出したキャラクターとしてのお吉を容認せざるを得ない状況となり、挙げ句は下田を出ることになってしまった。

歴史の解釈において、一〇〇%正しいものもなければ、一〇〇%間違ったものもないはずだが、自説の正当性を主張するがために、別の説を無理矢理否定しようとすると、歴史に大きな歪みが生じてしまう。

私たちは『唐人お吉』を作った男たちの歴史に、そのことについて学ぶ必要があるのではないだろうか。

もちろんここで発表している内容についても、誤りがあれば積極的に更新していきたいと考えているし、諸説に対する見解はあるが、それらを完全否定するものでもない。歴史は過去のものに違いないが、新しい時代の研究と見解、更新がなければ、やがて風化してしまうだろうという強い思いがあるだけだ。

さて、下田の「傾城塚」は個人宅の庭先にある。不審者に思われても困るので当初は道路際から遠巻きに覗き見ていたが、ある日、石仏の姿が見えなくなっていた。裏山を徘徊するイノシシに倒されて、打ち所が悪かったらしく、真っ二つに割れてしまっていたのだ。

いよいよ地主を訪ね、事情を話し、それまで調べてきたレポートを差し上げると、ご理解いただけたのみならず、祠を整備する話まで急速に進んでいった。

こうして平成二十七年（二〇一五）の暮れ、「傾城塚」には祠ができ、修復された石仏と、時折、歩道に落下していた地蔵も安置され、今や献花の絶えない場所となっている。

後に改めて調べてみると、斎藤きちの誕生日、天保十二年（一八四一）十一月十日は、現在の太陽暦に直すと十二月二十二日となり、まさに祠が建ったのと同じ日だったことに驚かされた。偶然にしては出来すぎというものである。

翌春のお吉祭りの日には有志が集まり、「傾城塚」でささやかな慰霊祭を開いた。暖かい陽が降りそそぐ中、しばらく談笑をしていると、目の前にある小さな梅の木に一羽のウグイスがとまった。

こんなに間近でウグイスを見るのも珍しい。

全員の目がウグイスに集まった瞬間、ウグイスは私たちに向かって割れんばかりの声で歌った。

その瞬間、そこにいた誰もが思わず息をのんだ。

唐人お吉を作った男たち

年譜

祠が建ち 整備された現在の傾城塚（2017 年撮影）

和暦	西暦	斎藤 きち	村山 瀧藏 ／ 西山 助蔵	出来事
天保十二年	一八四一	**斎藤 きち** 知多に生まれる（旧暦十一月十日／太陽暦十二月二十二日）		
十三年	一八四二		**村山 瀧藏** **西山 助蔵** 下田に生まれる	
十四年	一八四三			
十五年／弘化元年	一八四四	❹ 一家で下田に移住		
弘化二年	一八四五			
三年	一八四六			
四年	一八四七	❻ 村山せんの養女となる		
五年／嘉永元年	一八四八	**益田 孝** 佐渡に生まれる		
嘉永二年	一八四九			
三年	一八五〇			
四年	一八五一	芸者修行に励む		
五年	一八五二			
六年	一八五三			 ペリー艦隊 浦賀に現る
七年／安政元年	一八五四	⓭ 幼馴染みの鶴松が仮設住宅を建築		ペリー再来日／安政東海地震発生
安政二年	一八五五	⓮ 養母 せん 震災関連死	⓭ 奉行所建設のため田畑が接収される	
三年	一八五六	⓯ 芸者として頭角を現す	⓮ ハリス／ヒュースケンの小間使いに任命される	玉泉寺 アメリカ領事館となる
四年	一八五七	⓰ ハリスの看病に上がる	⓯ 玉泉寺でお吉と初対面／ハリスらと江戸出府	
五年	一八五八			
六年	一八五九		⓱ ハリスらと香港、箱館、長崎を旅する	玉泉寺閉鎖／江戸 善福寺へ
七年／万延元年	一八六〇		⓲ 仕えていたヒュースケンが攘夷派に暗殺される	

瀧藏、助蔵が住む中村一帯の氏神「神明神社」

和暦	西暦				
万延二年／文久元年	一八六一			13 益田 孝	ハリスに英語を学ぶ
文久二年	一八六二	21 芸者として本格的に復帰			ハリス退任 帰国
三年	一八六三			村松 春水	写真家Fベアト来日
四年／元治元年	一八六四	23 下田一の芸者の地位を確立		焼津に生まれる	
元治二年／慶応元年	一八六五	24 さらなる飛躍を求め京に向かう	23 村山 瀧蔵 アメリカへ留学		
慶応二年	一八六六				
三年	一八六七	26 時代を変わり目を感じ京を離れる	25 勤務先の善福寺が火災に見舞われる		
四年／明治元年	一八六八	27 最先端の町 横濱で鶴松と再会 結婚			戊辰戦争始まる／明治改元
明治二年	一八六九	流行の唐人髷を習う			戊辰戦争終結
三年	一八七〇		28 アメリカ公使館 退任／下田へ帰郷 柳生《やんぎょう》の山を購入		
四年	一八七一	30 病気？の鶴松を連れて下田へ帰る			廃藩置県
五年	一八七二	31 髪結い業を開始 唐人お吉とアダナされる	30 マツと結婚		太陽暦採用
六年	一八七三		長女 とく 誕生		
七年	一八七四	33 鶴松の不倫により夫婦仲を解消	マツを実家に帰し、末弟 藤蔵《とうぞう》を戸籍上 長男にする		
八年	一八七五				
九年	一八七六	35 三島で芸者を再開／姉 もと 死去		28 益田 孝	三井物産設立 初代社長
十年	一八七七				西南戦争／西郷隆盛 自決
十一年	一八七八	37 下田に戻り髪結い業を再開			ハリス死去 73歳
十二年	一八七九			16 東都遊学	
十三年	一八八〇	39 甥 勘蔵 病死 宝福寺に葬る			

和暦	西暦	斎藤きち	西山助蔵	村松春水	出来事
十四年	一八八一	斎藤きち	西山助蔵	村松春水	 横濱で士官の娘撮影される
十五年	一八八二	41 安直楼の女将となる／母 きわ 死去 安吉を養子に迎える			
十六年	一八八三			20 医術を学ぶ	鹿鳴館落成 開館
十七年	一八八四	43 せんを養女に迎える／賭博禁止令強化により客足が途絶え 安直楼 破綻			Fベアト日本を離れる
十八年	一八八五			伊佐新次郎よりハリスの侍女の話を聞く	第一次伊藤博文内閣発足
十九年	一八八六	45 脳卒中を発病			
二十年	一八八七	46 養母が遺した家を売り温泉療養に出る		24 静岡県成東病院 医長 就任	
二十一年	一八八八				山岡 鉄舟 死去53歳
二十二年	一八八九				大日本帝国憲法発布
二十三年	一八九〇	48 稲生沢川で溺死 48歳			第一回総選挙
二十四年	一八九一				安直楼跡 すし兼 として開業
二十五年	一八九二		50 村山瀧蔵 アメリカ公使館 退任		
二十六年	一八九三				清水次郎長こと山本長五郎 死去73歳
二十七年	一八九四				日清戦争
二十八年	一八九五	野口みや（お福） 病死 53歳		32 下田に眼科開業	
二十九年	一八九六		父 死去／二人目の孫 次衛《つぐえ》 生まれる		
三十年	一八九七		十一谷義三郎 神戸に生まれる		
三十一年	一八九八				
三十二年	一八九九				
三十三年	一九〇〇				

村松眼科医院は、新田《しんでん》の通りから神明宮の参道を入った先にあった。

三十四年	一九〇一	森 一（斧水） 誕生			
三十五年	一九〇二				
三十六年	一九〇三				
三十七年	一九〇四				
三十八年	一九〇五				日露戦争
三十九年	一九〇六				アメリカ公使館 大使館となる
四十年	一九〇七				
四十一年	一九〇八				
四十二年	一九〇九	横浜開港側面史 キチの名が載る		12 父 結核で死去	伊藤博文 射殺さる 写真家Fベアト死去
四十三年	一九一〇		68 妻 マツ 死去		
四十四年	一九一一	静岡民友新聞 傾城塚の記事掲載	69 助蔵ばなし 評判になる		
四十五年／大正元年	一九一二				明治天皇崩御／大正天皇践祚
大正二年	一九一三	信田葛葉 著 薔薇娘 発刊	自宅を新築		
三年	一九一四	下岡 蓮杖 死去91歳			
四年	一九一五		73 瀧蔵と再会		
五年	一九一六			19 兄 失踪／恩人死去	第一次世界大戦
六年	一九一七				
七年	一九一八	村山 瀧蔵 死去76歳	76		
八年	一九一九			22 東京帝国大学 入学	
九年	一九二〇			23 川端康成と出会う	第一回国勢調査実施

後に開国の町 下田の黒船文化を牽引

和暦	西暦	事項	世相
十年	一九二一	西山助蔵 死去 78歳	
十一年	一九二二	十一谷義三郎 25 英語教師となる	
十二年	一九二三		関東大震災
十三年	一九二四	郷土誌 黒船 創刊／村松春水 61 唐人お吉研究 発表	
十四年	一九二五	42 パーシー・ノーエル バンクロフト大使と下田を訪れる	七月二十七日 バンクロフト死去
十五年／昭和元年	一九二六	川端康成 著 伊豆の踊子 発表	大正天皇崩御／昭和天皇践祚
昭和二年	一九二七	45 オペラ 黒船(夜明け) 台本執筆／30 創作活動に専念 小説 唐人お吉 発表	玉泉寺 ハリス記念碑除幕式
三年	一九二八	31 弟 結核で死去 （その後 数々のお吉ものを発表）	
四年	一九二九	47 山田耕筰 により	世界恐慌
五年	一九三〇	オペラ 黒船(夜明け) 序景 完成／32 結婚／67 實話唐人お吉 発刊	
六年	一九三一		満州事変
七年	一九三二		
八年	一九三三	新渡戸稲造 下田を訪れる 同年十月 カナダで死去 71歳／36 神奈川県三浦郡逗子町(現 逗子市)に転居 東京 巣鴨に転居	日本 国連を脱退
九年	一九三四	第一回 黒船祭 開催／37 長女誕生	渋谷駅前にハチ公像が建つ
十年	一九三五		
十一年	一九三六		二・二六事件
十二年	一九三七	39 結核により死去 39歳	
十三年	一九三八	90 益田孝	死去 90歳
十四年	一九三九		第二次世界大戦開戦
十五年	一九四〇	58 オペラ 黒船(夜明け) 日本語版完成／ 下岡蓮杖 撮影という お吉写真が話題になる／77 「お吉とは離縁した」と語る	

十六年	一九四一		真珠湾攻撃／太平洋戦争開戦
十七年	一九四二		
十八年	一九四三	埼玉へ疎開	
十九年	一九四四	郷土誌 黒船 廃刊	
二十年	一九四五		広島 長崎に原爆投下／敗戦
二十一年	一九四六		昭和南海地震(M8.0)発生
二十二年	一九四七		戦時中 中止されていた 黒船祭 再開
二十三年	一九四八		
二十四年	一九四九	47 森 一(斧水) 下田町長 就任	
二十五年	一九五〇		朝鮮戦争勃発
二十六年	一九五一	西山助蔵の孫 次衛《つぐえ》 三井船舶 監査役に就任	サンフランシスコ平和条約締結／日本 主権回復
二十七年	一九五二	89 死去89歳	
二十八年	一九五三		
二十九年	一九五四	72 オペラ 黒船(夜明け) 日本語版再演	
三十年	一九五五		
三十一年	一九五六	 下田公園に村松春水翁記念碑が建立される	
三十二年	一九五七		
三十三年	一九五八	76 死去76歳	東京タワー完成
三十四年	一九五九	ジョン・ウェイン主演 映画 黒船 日本公開	五島慶太 伊豆急行を設立
三十五年	一九六〇		
三十六年	一九六一	59 森 一(斧水) 死去59歳	伊豆急行線 伊東～伊豆急下田間 開業

1996「幕末・明治のおもしろ写真」石黒敬章 / 平凡社
1997「マンガ静岡県史 幕末・維新篇 (静岡県の成立)」石ノ森章太郎 = 監修 / 静岡県教育委員会
1997「まんが日本絵巻 第十一巻 引き裂かれた恋哀れ 唐人お吉」ワールドテレビジョン、TBS
1998「ペリー日本遠征記図譜」豆州下田郷土資料館
1998「図説 幕末明治流行事典」湯本豪一 / 柏書房
1998「図説 横浜外国人居留地」横浜開港資料館 編 / 有隣堂
1999「十一谷義三郎 書誌と作品」瀬沼壽雄 / 京王書林
2000「明治・大正 家庭史年表 1868-1925」下川耿史 = 編 / 家庭総合研究会
2001「幕末の玉泉寺」岡田光夫 / 玉泉寺ハリス記念館
2002「伊豆と世界史」桜井祥行 / 批評社
2004「黒船異聞～日本を開国したのは捕鯨船だ」川澄哲夫 / 有隣堂
2004「幕末明治 横浜写真物語」斎藤多喜夫 / 吉川弘文館
2004「横浜大桟橋物語」客船とみなと遺産の会 / ＪＴＢパブリッシング
2004「唐人お吉 絵物語」唐人お吉記念館 / 宝福寺
2005「江戸の外国公使館」港区立港郷土資料館 編 / 港区立港郷土資料館
2006「ハリスとヒュースケン 唐人お吉 物語の虚実」尾形征己 / 下田開国博物館
2007「肥田 実 著作集 幕末開港の町 下田」肥田 実 / 下田開国博物館
2008「下田ばなし」森 秀樹 / 黒船社
2009「お吉と龍馬」石垣直樹 / 文芸社
2009「下田の歴史と史跡」肥田喜左衛門 / 下田開国博物館
2009「小説 横浜開港物語」山本盛敬 / ブイツーソリューション
2010「大正イマジュリィの世界」山田俊幸 = 監修 / ピエ・ブックス
2011「ダイジェストでわかる外国人が見た幕末ニッポン」川合章子 / 講談社
2012「伊豆急 50 年のあゆみ」伊豆急行研究会 / ＪＴＢパブリッシング
2012「〈通訳〉たちの幕末維新」木村直樹 / 吉川弘文館
2012「レンズが撮らえたＦ. ベアトの幕末」Ｆ・ベアト [撮影], 小沢健志 , 高橋則英 監修 / 山川出版社
2012「レンズが撮らえた幕末明治の女たち」小沢健志 = 監修 / 山川出版社
2012「横浜外国人墓地に眠る人々」斎藤多喜夫 / 有隣堂
2012「明治クロニクル この国のかたちを決定づけた維新のドラマを読む」世界文化社
2012「絵が語る知らなかった幕末明治のくらし事典」本田豊 / 遊子社
2012「鉄舟随感録 新訳「剣禅一如」の精髄を極める」安部正人 = 著 渡辺誠 = 訳 / ＰＨＰ研究所
2013「伝承秘話 唐人お吉」石垣直樹 / 万来舎
2013「唐人お吉物語 その虚構と真実」村上文機 / 玉泉寺ハリス記念館
2014「ペリーと黒船祭」佐伯千鶴 / 春風社
2014「カメラが撮らえた 幕末・明治・大正の美女」津田紀代 = 監修 /KADOKAWA/ 中経出版
2014「古写真研究こぼれ話 真実を求めて」高橋信一 / 渡辺出版
2014「史料が語る向井水軍とその周辺」鈴木かほる / 新潮社
2015「浦賀奉行所」西川武臣 / 有隣堂
2015「古写真研究こぼれ話 真実を求めて 二」高橋信一 / 渡辺出版
2015「明治から平成に生きた人物 加藤虎之助と佐野利道～下田の人物像～」田中省三
2016「開館 30 周年記念 下田開国博物館 収蔵品・展示品図録」下田開国博物館 編 / 下田開国博物館
2016「美女の日本史」別冊宝島編集部 / 宝島社
2016「新説・明治維新」西 鋭夫 / ダイレクト出版
2016「週刊マンガ日本史 66 ペリー」朝日新聞出版
2018「蝶々夫人と日露戦争」萩谷由喜子 / 中央公論新社

■その他 資料 / 論文
1938「第五回 黒船祭記念」静岡懸賀茂群下田町
1965「西山助蔵の生涯 黒船とわが家」山梨まさ
1992「季刊 下田帖 26 27 28～斎藤きち外伝」前田實 / 下田帖編集発行所
2000 論文『西山助蔵の「英語単語帳」』河元由美子 / 英学史研究
2017 論文『十一谷義三郎「唐人お吉」の誕生』関 肇 / 関西大学文学部
2018「開国の記憶」村上文樹（玉泉寺住職）/ 伊豆新聞 寄稿

「現代読本 艶筆 瓦版日本史～唐人お吉はなぜ自殺したか」川崎文夫 / 日本文芸社
「下田市史 資料編三 幕末開港」下田市教育委員会 / 静岡県下田市教育委員会
「下田市史 別編 幕末開港」下田市教育委員会 / 静岡県下田市教育委員会
「広報しもだ 縮尺版」下田市
「Ｆ. ベアト幕末日本写真集」横浜開港資料館
「侠客 鶴吉傳」飯田十郎 / 三甲研究会

■パンフレット / 絵はがき等
帝国劇場「唐人お吉」、「女人哀詞」、稲生沢公民館講座「幕末の稲生沢」、日活映画主題歌 唐人お吉の唄、下田遊覧案内「御神火の大島 お吉の下田」、伊豆遊覧案内、下田附近鳥瞰図 、歌劇「黒船」、唐人お吉の伊豆の下田へ、詩の港 唐人お吉の伊豆下田を訪ねて 観光記念、「黒船絵巻」、「民謡を訪ねて 下田は招く」、「幕末哀話 唐人お吉絵物語」、「下田港の史跡と風光」、「伊豆下田港 唐人お吉絵物語」、「伊豆公立公園 観光の下田」、「お吉小唄と風姿 芸者さんの艶姿」、「曹洞宗瑞龍山玉泉寺」、「下田の風光集」、「絵葉書 唐人お吉ものがたり」、「詩の港 唄の町 下田全集」、「詩の国 夢の町 下田港の印象」、下田港の哀話

■書籍等〈発行年「タイトル」作者 / 出版社〉
1830「英和・和英語彙」メド・ハースト / バタヴィア
1896「開国先登 提督彼理 全」米山梅吉 / 博文館
1908「開国五十年記念 真理 第十七号」佛教傳道會
1909「横濱開港側面史」横濱貿易新報社
1913「薔薇娘」信田葛葉 / 萬字堂書店
1925「幕末下田開港史」石井信一 / 静岡県賀茂郡教育會
1926「太陽 普通選挙準備号」博文館
1926「下田案内」村松春水 / 黒船社
1929「唐人お吉」十一谷 義三郎 / 萬里閣書房
1929「新潮 二月号」新潮社
1929「道頓堀」道頓堀編輯部 / 松竹合名社
1930「時の敗者 唐人お吉」十一谷 義三郎 / 新潮社
1930「時の敗者 唐人お吉（続編）」十一谷 義三郎 / 新潮社
1930「実話 唐人お吉」村松春水 / 平凡社
1931「幕末開港 綿羊娘情史」中里機庵 / 赤爐閣
1932「唐人お吉」十一谷 義三郎 / 改造社出版
1932「時の敗者唐人お吉」十一谷 義三郎 / 改造社出版
1934「新聞雑誌に現れた明治時代文化記録集成 前編」石田文四郎 / 大成書院
1933「玉泉寺今昔物語」村上文機 / 玉泉寺
1935「新聞雑誌に現れた明治時代文化記録集成 後編」石田文四郎 / 大成書院
1935「英文学の知識」十一谷 義三郎 / 非凡閣
1935「唐人お吉一代記」世水學人 (内藤世水） / 下田開國記念館 / 唐人お吉寳物館
1936「唐人お吉一代記」宝福寺前開国記念館
1934「黒船画譜」黒船社
1935「日本女性史」雄山閣編集 編 / 雄山閣編集局
1935「尋常小学修身 二年」文部省
1936「唐人お吉一代記」神田次郎 / 伊豆下田町寳福寺前開国記念館
1940「艶麗の悲歌～唐人お吉傳」丹 潔 / 泰山房書店
1942「眞山青果全集 第六巻～唐人お吉 / 唐人お吉と攘夷派 ほか」眞山青果 / 大日本雄辯會講談社
1943「キング 改題 富士 昭和十八年九月号」大日本雄辯會講談社
1947「黒船談叢」森斧水 / 下田文化協會
1950「傳記 唐人お吉」丹 潔 / ジープ社
1958「スクリーン」近代映画社
1952「唐人お吉」井上友一郎 / 大日本雄辯會講談社
1954「音楽之友 八月号」音楽の友社
1954「藝術新潮」新潮社
1956「幕末の伊豆下田」持月博行 / 勉強堂書店
1956「幕末開国史上における伊豆下田」持月博行 / 勉強堂書店
1956「洋娼史談」戸伏太兵 / 鱒書房
1957「唐人お吉一代記 遺物と史跡」
1957「艶筆瓦版日本史 現代読本」村田清 / 日本文芸社
1961「週刊サンケイ 1961/12/25 号」産経新聞出版局
1962「伊豆 下田」地方史研究所 / 地方史研究所
1962/1980/2006「実話秘話 唐人お吉物語～昭和 37 年版 / 昭和 55 年版 /2006 年版」竹岡男範 / 宝福寺お吉記念館
1963「早梅～森 一遺稿集」早梅～森 一遺稿集編集部 / 森 正明
1966「唐人お吉 幕末外交秘史」吉田常吉 / 中公新書
1967「明治の開幕」大宅壮一 / 光文社
1969「黒船物語」レイモンド・服部 / ルック社
1972「明治期家庭生活の研究」中部家庭経営学研究会 / ドメス出版
1973「ハリス日本滞在記」ハリス 坂田精一 = 訳 / 岩波文庫
1979「日本史の中の女性　卑弥呼から唐人お吉まで」松本清張ほか / 毎日新聞社
1980「名作挿絵全集 第六巻～橘小夢 = 画 唐人お吉」平凡社
1981「陽だまりの樹」手塚治虫 / 小学館
1983「下田物語 上 中 下」オリヴァー・スタットラー / 現代教養文庫
1983「近世史のなかの女たち」水江漣子 / 日本放送出版協会
1986「東西交流叢書 1 開国の使者～ハリスとヒュースケン」宮永 孝 / 雄松堂出版
1988「黒船（復刻版）創刊～ 5 巻 12 号合本」湘南堂書店
1989「ヒュースケン日本日記　1855-61」青木枝朗 = 訳 / 岩波文庫
1989「自叙益田孝翁伝」長井実 / 中央公論社
1989「歴史読本スペシャル 3 4 日本史の目撃者～」新人物往来社
1989「吉川英治と明治の横浜」横浜近代文学研究会 / 横浜近代文学研究会
1993「タウンゼント・ハリス 教育と外交にかけた生涯」中西道子 / 有隣新書
1994「横浜商人とその時代」横浜開港資料館 編 / 有隣堂
1995「静岡県歴史の道 下田街道」静岡県教育委員会
1995「黒船の時代」黒船館 編　小西四郎 = 監修 / 河出書房新社

Special Thanks

傾城塚
岩淵 正義・千鶴

黒船社
森 秀樹

安直楼
栁田 恭一・貴子

下田開国博物館
尾形 征己

下田東急ホテル
山本 貴之

土橋 一徳　前田 實・恵美　青島 清
西山 純江・朋子　山梨 良介・公美子・恵里子
村山 康郎　十文字 誠

下田日待 植松 正夫　坂下会所 吉田 正人　油画茶屋 志田 昇
ハーバーライト 鈴木 勝士　SOULBAR 土佐屋 斉藤 能仁
こぉひぃはうす可否館 鈴木 清江　なべや大むら 大村 賢一郎
日新堂菓子店 横山 郁代　磯料理 辻 渡辺 順市　くしだ蔵 櫛田 雅志
伊豆下田芸者 桝家　焼鳥 松尾
パスタと雑貨 ページワン　Flamme Jacque フラムジャック　ペリーロードの 雀
粉もんや あほや＋たろう　つぼや　賀楽太
伊豆高原 JIRO's ジローズ　一汁三菜　cafe 座禅石　KTV-12ch 小林テレビ設備

渡邉 幹夫　岩崎 努　萩原 和美　笹本ゆかり
正木 真理子　菊池 新　英 みどり　加藤 茂
福西 重夫　石垣 直樹　内田 夏樹　塩崎 利弘　山口 郁輔
山梨 ゆかり　澤地 寛之　土屋 百合子　佐藤 潤　明神 麻美
清水 政道　内山 浩志　じんの ひろあき　新間 哲郎

斎藤 多喜夫　森重 和雄　関 肇

伊豆下田 100 景　むさし文化大学

伊豆新聞・熱海新聞・伊豆日日新聞
伊豆新聞本社下田支社長 山下 聡

＊誠に恐縮ながら敬称は略させていただきました。

本稿中の史実、年月、固有名詞などは、収集した資料を基に、できる限り正確を期すよう努めましたが、正確さが断定できないものにつきましては筆者の判断と推察によって記載しました。
推察、仮説については、その旨、記してあります。
誤記、誤認などがございましたら、ご教示いただければ幸いです。

また、使用している画像につきましては、自己所有のものを中心に、権利者の許諾を得ているもの、版権がフリーになっているものなどを使用しておりますが、著作権または所有権者不明の画像も一部使用しております。著作権または所有権者であることを証明いただければ、ご対応させていただきます。

——著者

otokotachi@okichi.com

伊豆新聞連載

唐人お吉を作った男たち

加筆修正版

2018年12月22日 初版 発行

「唐人《とうじん》お吉《きち》を作《つく》った男《おとこ》たち」

著　者　杉本《すぎもと》　武《たけし》（幕末お吉研究会）
otokotachi@okichi.com

発行者　長倉 一正
発行所　有限会社 長倉書店
郵便番号 410-2407
静岡県伊豆市柏久保 552-4
電　話　0558-72-0713
ＦＡＸ　0558-72-5048

印刷・製本　三昇堂印刷株式会社

定価はカバーに表示してあります。
落丁本・乱丁本はお手数ですが、小社宛にお送りください。
送料小社負担でお取り替えいたします。

ISBN978-4-88850-063-0